东京篇

Go To Japan Right Now

马上去日本

周瑞金 主编

朝闻商务 编

世纪出版集团 上海人民出版社

图书在版编目（CIP）数据

马上去日本.东京篇/朝闻商务编.－上海：上海人民出版社，2011

ISBN 978-7-208-09815-2

Ⅰ.①马…　Ⅱ.①朝…　Ⅲ.①旅游指南－东京　Ⅳ.①K931.39

中国版本图书馆CIP数据核字（2011）第021030号

世纪文睿　出　品

出 品 人　邵　敏
总 策 划　朱校佟　柴国强　徐海林
特约编辑　肖　练　赖展鹏
责任编辑　邵　敏　徐珏华

装帧设计  TEL：021－64750887

马上去日本·东京篇

周瑞金　主编
朝闻商务　编

世 纪 出 版 集 团

上海 人民出版社 出版

（200001　上海福建中路193号　www.ewen.cc）

世纪出版集团发行中心发行

上海丽佳制版印刷有限公司　印刷

开本 889×1194 1/32　印张 6.25　字数 100,000　插页2

2011年5月第1版　2011年5月第1次印刷

ISBN 978-7-208-09815-2/G·1419

定价：38.00元

序一

日本国驻中华人民共和国大使馆
特命全权公使　　横井　裕

去年春夏之交，我在一个聚会上与周瑞金先生结识。年过七十的他精神矍铄，神采奕奕；说起话来速度不快，却句句充满逻辑，就连走路也是健步如飞，让人不得不感叹岁月在他身上还未怎么留下痕迹。在交谈中，周瑞金先生向我谈起他打算带领一批上海资深媒体人前往日本参观考察，拟以游记的形式出版名为《马上去日本》系列丛书。当时我就表示这个想法十分不错，是一个向中国介绍日本美丽景色与独特文化的好机会。

而后，我才从别处得知，当日与我交谈甚欢的周瑞金先生曾任《解放日报》、《人民日报》副总编辑，他的笔名是"皇甫平"。上世纪90年代的时候，我曾阅读过许多皇甫平的文章。这些文章大多有着先进的改革思想，针对时弊，引发了中国改革开放初期的思想交锋。其中，周瑞金先生所写的《改革开放要有新思路》等数篇评论文章尤其精彩。原来，给我留下深刻印象的周瑞金先生就是我一直敬仰的作家，这更让我确定了我与周先生之间的缘分，也更增加了我对于这套系列丛书的信心和期待。

不久，我因为工作调动离开上海前往北京，却依然对这套书十分关心。今年年初，我从朋友处得知周瑞金先生一行已经于去年6月份前往东京考察，《马上去日本》系列的第一部《东京篇》也已完成初稿，将于3月份正式出版发行。这个消息让我十分高兴，也与周先生约好，希望可以在第一时间拿到样书，先睹为快。

世事难料，3月11日，我的祖国日本东北部海域发生了9.0级的大地震，此次强震及其引发的海啸使日本陷入第二次世界大战以来的最大危机。灾难发生之后，我马上回到了日本。在回国的路上，我想到了《马上去日本》系列丛书，心中难免担心这次灾难是否会对书的出版与发行产生影响。而当我回到办公室，看见《东京篇》的样书已经放在桌上了。周瑞金先生告诉我，《马上去日本——东京篇》不仅将如期出版发行，而且决定将所有出版收益通过日本财团日本樱花会捐给日本灾区，为灾后重建尽最大的努力。我被这个消息深深打动了。

此情此景下，"马上去日本"这几个字的意义已经不再只是停留在字面上了，而是升华成了一句鼓励、一股力量。在大自然的面前，人类的力量是微不足道的，但是我们顽强的精神和不服输的态度是永存的。马上去日本，因为日本正在努力从伤痛中恢复，正在抓紧重建；马上去日本，因为灾难过后的日本会变得更加坚强，如重生的凤凰般闪耀光芒；马上去日本，因为中国人民也在牵挂关心着日本的民众，一衣带水的两国更需要彼此的支持。"马上去日本"既给予了我们日本国民信心，也体现了中国更加包容、更加开放的胸怀。

虽然这次地震和海啸使得日本东北部许多地区严重受损，但我相信，重建后的它们会更加欣欣向荣；我也相信，未来的日本国会更加迷人！日本的第一站——东京，依然美丽。

序二

周瑞金

日本，我国一衣带水的邻邦。大多数旅游观光客，早在上学时从地理课本上就了解了日本——这个一百多年来学西方文明学得最好、唯一跻身世界一流发达国家行列的东方之国。

随着日本向中国游客的不断开放，近年来中国公民赴日旅游的人数逐年上升，2009年已经突破百万大关。从去年七月一日起，日本政府又将中国赴日旅游的个人签证门槛大幅降低，签证受理区域范围和代签范围进一步扩大。据上海机场边检站统计数字显示，目前仅从上海浦东国际机场出境赴日本旅游的中国公民月均已突破5万人。所以，完全可以乐观预计，今后中国公民赴日旅游将会大幅度增加。

日本环境优美。春有樱花烂漫，夏能富士观雪，秋尝色香味俱足的鲜美料理，冬享露天温泉把清酒、泡热澡、看星星的乐趣……

日本是购物天堂。誉满全球的电子通信产品、化妆品、手表、服装、乐器、家用饰品以及各种美食美点，让人眼花缭乱，对中国赴日旅游者极具吸引力和诱惑力。日本已成为中国游客购物的最热门国家之一。

日本有文化时尚。歌舞伎、相扑是日本最具传统特色的民族表演艺术，造就了东京许多"不眠之街"。而令人大开眼界的"视觉系"奇装异服和独特妆容，在时尚发源地涩谷流行开来，成为影响全世界的前卫文化。极富创意的日本动画文化，更倍受全世界喜爱，进美术馆，逛书店街，犹如置身于文化智慧的海洋……

日本人民礼貌好客。日本人民有良好文化素养，平日工作追求极致一流，日常生活注重文明举止，待客很讲礼仪。尽管城市流光溢彩，繁华眩目，民众却大多低调不出位，守序不另类，尚简朴，不累俗，恪守传统，蓄意内敛，很少炫富不逊、精芒逼人。中国赴日旅游者可以在吃喝玩乐和购物的喜悦中，感受日本社风民俗、文明素养的感染和熏陶。

人之初，性本玩。几千年前，中国思想家就对"休闲"二字有极精辟的阐释。"休"即人倚木而休，强调人与大自然的和谐。"闲"通娴，指人在社会交往中内心的娴静、安宁，达到人与人、人与自我的和谐。目前，人们在物质生活逐步富裕起来以后，面临着大量难以排解和平衡的精神问题。竞争的激烈，职场的多变，家庭的矛盾，人际的冲突，给现代人带来太多的烦恼和心理压力。从这个意义上说，利用闲暇观光旅游，就成为人们心灵的驿站，人类美丽的精神家园。所以，旅游可以驱逐精神的劳顿，可以安抚疲惫的心灵；旅游可以摆脱竞争的压力，也能松弛心理的压抑。甚而，旅游能够激发创造的潜能，促进精神的升华，让人领会生命的真谛，参悟利乐众生的使命！

出国游，日本当是首选之地。因为日本是离我们最近的发达国家，日本的景美、食美、物美、人美、文化美，一次旅游可获物质精神双享受，美不胜收，何乐不为！我从1991年至今，已七次赴日本访问游历，从北海道到冲绳岛，从东京、大阪到广岛、福冈，足迹几遍岛国。从日本上层政要，到著名企业家、主流媒体人；从普通市民，到留日学生、驻日记者，我都普遍接触过、交流过，也结交了不少日本朋友，留下了许多美好的记忆。我深感，通过旅游观光，加强两国民众的广泛交流，促进相互了解，对于增进两国的友谊和合作，是多么的重要！中华民族与大和民族，都是世界上优秀的民族，都应当对世界的和平和发展作出自己应有的贡献。中日两国在历史上虽有过短期的交恶，但大部分时间是友好的相处往来，相互切磋交流，取长补短，对两国间经济的发展和文化的交融起了深远的历史作用。完全可以说，中日两国的历史教训与阴影，一定会在两国人民加大往来、紧密合作和加深了解中被正确吸取与巧妙化解；中日两国的合作、发展、友好、福祉必定源远流长、前景无限。

有鉴于此，一批热心于中日文化交流和经济合作的友好人士，在日本驻中国大使馆特命全权公使横井裕的支持下，以及日本财团法人日本樱花会、McCannJapan中泽社长、株式会社Mcoopers吉本社长、小岛电器小岛社长、三井不动产以及日本友人粕谷先生的帮助下，精心策划出版了这部《马上去日本》的系列旅游丛书。全书图文并茂，内容丰富，文字优美，注重实用。其中私旅实录的文章，都由上海资深媒体人、作家执笔，写的都是赴日实地考察后的切身感受的纪录，行文流畅，视角独特，真情实感，满篇生色。我相信这部旅游丛书，必能成为广大中国公民赴日旅游的贴身好伙伴。

CONTENTS

目录

9

东京物语

东京的每一个时节，都值得亲赏：春天的樱花，夏日的花火，秋天的红枫，冬日的温泉。四季流转中，繁华的东京，也因有丰厚的历史滋养而更焕发超凡魅力。

认识东京

　　日本的首都东京，全称东京都，既是一个国际超级大都市，也是一个有着悠久历史的文化名城。

　　古时的东京是一个荒凉的渔村，最早的名称叫千代田。关于在这里建城的起源，一种说法是1192年，日本封建主江户氏在这里建筑城堡，并以"江户"命名。也有说江户城的建造起源于15世纪后半期。不管怎样，小渔村"千代田"变成了"江户"城，令古东京进入了一个新的发展时期。

　　1603年，德川家康在武士混战中获胜，在江户设立幕府，由此开始了以江户城为据点的江户幕府统治时期，江户也因此作为一座政治城市而登上历史的舞台。这以后，江户城吸引了越来越多的人，逐渐发展成为当时的中心城市。江户城在发展的过程中，逐渐分化为两个特色区域，其一是称为"山之手"的上流社会区，包括大名的住宅区和旗本的住宅区，那里绿树成荫、环境优美，是江户城内的政治中心。另一个区域是平民区，称"下町"，这里汇集了很多小商小贩和手工艺匠人，并形成了自己独特的生活方式。平民文化的形成也象征江户城的文化发展进入全盛时期。直到今天，人们仍然能在东京的小巷以及一些传统仪式中，感受到江户平民文化的存在。

1868是日本历史上关键的一年。这一年，德川幕府被推翻，明治天皇从京都迁都到江户，"江户"改称"东京"，并在1869年被定为首都。随着幕府的终结，日本社会进入了明治维新时期，开始积极学习并引进西方的文化，将日本推向现代化的行列，东京都现代化的城市风貌开始呈现。

虽然东京都的中心地区经历了1923年关东大地震和第二次世界大战，受到毁灭性的破坏，但是不久就走上了城市复兴之路，并且很快进入了城市的高速发展期。这以后，特别是进入20世纪80年代以来，东京以一个国际大都市的形象出现，并渐渐深入人心。

时至今日，东京已经与纽约、巴黎、伦敦这样的国际超级大都市齐名，以摩登时尚、经济高度发

达闻名全世界。

东京的每一个时节，都值得亲赏：春天的樱花，夏日的花火，秋天的红枫，冬日的温泉。四季流转中，繁华的东京，也因有丰厚的历史滋养而更焕发超凡魅力。

> 注：东京都的行政区域包括23个特别行政区、多摩地区（26个市、3个町、1个村）以及分布在东京湾南部海域的伊豆群岛和小笠原群岛。今天我们所说的东京，一般是指狭义上的东京市区，指东京都下辖的23个区。

地理位置、气候、时差

地理位置

东京位于日本列岛的中部、关东平原南部，东南濒临东京湾、面向太平洋。东京的东部以江户川为界与千叶县相邻，西部跨越山地与山梨县相接，南面依着多摩川与神奈川县相连，北侧邻接埼玉县。东京都与千叶县、神奈川县、埼玉县一起构成大东京圈。

气候

东京属于温带气候，一年四季气候分明。春秋季气候温和，夏季高温潮湿，经常有台风。每年

6月下旬到7月中旬是梅雨时节，几乎每天下雨。冬季气候干燥、多为晴天，温度较低，偶有下雪。在出行之前，最好查一下东京的天气情况，以便准备随行衣物。

时差

时差为1小时。即：北京时间＋1小时＝东京时间。所以到了东京，把你的手表调快1小时，才与东京的时间相符。这样你在掌握交通、商店营业时间时才不会出错。

趣味日文小教室

TIPS

在街上问路或餐厅点菜，一般都难以应用上英语，还好，日语里借用了不少汉字，在语言不通时，写出汉字，用"笔谈"的方式，也能解决一些问题。记得在开口劳烦别人之前，加一句"su mi ma sen"哦。

1．实用日语马上会

◇ 不好意思，麻烦你一下… すみません
　　发音：**su mi ma sen**
◇ 谢谢 ありがとうございます
　　发音：**a ri ga to go za i ma su**
◇ 早上好 おはようございます
　　发音：**o ha yo go za i ma su**
◇ 晚上好 こんばんは
　　发音：**kon ban wa**
◇ 你好 こんにちは
　　发音：**kon ni chi wa**
◇ 初次见面请多关照 はじめまして
　　发音：**ha ji me ma shi te**
◇ 多少钱？いくらですか
　　发音：**i ku ra de su ka**
◇ 对不起 ごめんなさい
　　发音：**go men na sai**
◇ 请稍等一下 ちょっと待ってください
　　发音：**cho to ma te ku da sa i**
◇ 那我开动了。（吃饭动筷子前）いただきます
　　发音：**i ta da ki ma su**
◇ 我吃饱了。（吃完后）ごちそうさまでした。
　　发音：**go chi sou sa ma de shi ta**

2. 日文汉字与中文意思不同的常见词

日文汉字	中文意思
激安	很便宜
一割引	便宜一成，即打九折，"二割引"即打八折
无地	素色，无图案
交番	派出所
泥棒	小偷
痴汉	色狼
切手	邮票
手纸	信
荷物	行李
精进料理	素食
两替	兑汇、换钱
定食	套餐
大丈夫	没问题
丈夫	坚固
老婆	老太婆
床	地板
大黑柱	中心人物
汽车	火车
外人	外国人
家内	老婆
人间	人类
大方	大众
前年	去年

PART 2 东京悠游好去处

动感东京
静美东京
市井东京
艺术东京
时尚东京

　　一踏入东京都，就感觉它像一块魔镜，折射出不同的景象：新潮时髦而又保留着某些执著的传统，动感喧闹中却时常有静美的一面，浓重的现代商业气息中透出贴心的人情味……就让我们深入东京都的人气观光点，一一领略它的百变魅力吧！

人气景点必逛!

动感东京

东京塔

巴黎有埃菲尔铁塔，东京有东京塔！东京塔于1958年建成，是东京的标志性建筑之一。在东京塔150米和250米高的地方都设有大的展望台。展望台内是一个约20平方米的空间，四周用整块的大玻璃镶装，置身其中，如同进入"手可摘星辰"的宫殿仙境。向下俯视，整个东京城尽在眼下，晴天时还能远眺西边美丽的富士山。东京塔不仅仅能观

景，其本身也是一大景观。入夜，东京塔身发出璀璨的光芒，在夜空中绚丽壮观，成为东京都著名的夜景。

如何前往
大江户线"赤羽桥站"赤羽桥口；日比谷线"神谷町站"1出口；三田线"御成门站"A6出口；浅草线"大门站"A6出口均可到达。

门 票
150米展望台：成人820日元，儿童460日元
250米展望台：成人1420日元，儿童860日元

东京迪斯尼乐园

来到这里，每一条神经都是快乐的！
被誉为亚洲第一游乐园的东京迪斯尼乐园1982年在东京千叶建成后，立马引起"迪斯尼"风潮，吸引了大量游客前往。东京迪斯尼乐园保持了美国迪斯尼乐园的正宗风格同时，还把日本自己研发的电子音响、动作装置也加入其中，园内童话世界的角色在音响和光电的双重效果下活灵活现，让人身临其境，流连忘返。

如何前往
JR京叶线、武藏野线"舞滨站"南口下车；或从新宿车站（新南口）搭乘直达大巴到达。

门 票
门票分一日游和多日游几种。一日游门票成人5800日元，儿童3900日元，三岁以下免票。

日本科学未来馆

日本科学未来馆展示的是令人大开眼界的日本尖端科技。悬挂在六楼顶部的巨大地球仪"Geo—

Cosmos"是科学未来馆的标志性展品，在直径6.5米的球径表面镶入了100万个LED，映射出地球上精彩纷呈的景象。此外，三楼展区内的机器人世界尤其受人们欢迎，机器人ASIMO可以自如地行走、上下台阶、旋转和跳舞，还能根据语音控制与人进行交流。值得一提的还有馆里的小商店，不仅有各种好玩的科学类小商品，还可以购买到宇航员吃的食品。

地 址
东京都江东区青海2—3—6

如何前往
新交通百合鸥号"Teleport站"步行约5分钟。

门 票
500日元

彩虹乐园

　　Hello Kitty的粉丝有福了。因为彩虹乐园就是Hello Kitty的家。在这里，你可以邂逅三丽鸥公司旗下的Hello Kitty、Cinnamoroll与Keroppe等人气卡通人物。彩虹乐园园内共有梦幻剧场、精灵剧场和发现剧场三大表演场地，由多达两百人的演出团队为游客呈献精彩的演出。最让Hello Kitty粉丝兴奋的是，可以进入到Hello Kitty私密闺房，体验Hello Kitty的日常生活，还能与房子的主人Hello Kitty一起合照。

如何前往
新宿京王线、小田急线、多摩单轨铁路"多摩中心站"出站步行约5分钟。

门 票
门票分为入场券和通用券，通用票（包括入园及各种游乐节目）成人4400日元，入场票3000日元，三岁以下的孩童可免费入场。

台 场

　　台场是东京新的娱乐地标，尤其受到日本年轻人的青睐。它是东京都东南部东京湾的人造陆地。在日剧里常出现的彩虹大桥、摩天轮、自由女神像已经成为台场的标志，也令台场成为情侣约会的浪漫场所。大江户温泉物语、日本科学未来馆、彩虹大桥等景点就是在台场内。到了台场，还可以来到日剧制造中心——"富士电视台"，参观热门电视节目制作过程。

如何前往
台场位于海湾中的人工岛上，通过巴士、轨道交通和观光船均可到达。

静美东京

上野公园————

　　到了东京逛公园？没错！这可不是一般的公园。上野公园全名为上野恩赐公园，是日本第一座公园。上野公园不仅景色秀美，更具有悠久历史和深厚人文气息。在1624年便修建完毕的宽永寺，至今仍立于园内的不忍池畔。也正是宽永寺建立之时移种过来的樱花，开启了上野公园作为赏樱名园的历史。公园内还有上野动物园。幕府末期大将军西乡隆盛的铜像是公园的标志，公园内有供奉德川家康的东照宫古迹，还有东京国立博物馆、国立西洋美术馆、国立科学博物馆等许多文化设施。

如何前往
地铁"JR上野车站"下车。

门 票 免票

浅草寺

　　浅草寺是东京都内最古老最知名的佛教寺院，创建于628年。在江户时代，德川家康将军把这里指定为幕府的祈愿所。寺院的大门叫"雷门"，正式名称是"风雷神门"，是浅草的象征。雷门最著名的要数门前悬挂的那盏巨大的灯笼，远远可见黑底白边的"雷门"二字，非常醒目。门内有长约140米的铺石参拜神道通向供着观音像的正殿。每到新年，前来朝拜的香客人山人海。从雷门到正殿的散步道就是仲见世商店街，两旁的小店里出售各种很有日本特色的特产和纪念品。

如何前往
东京地铁银座线"浅草站"1号出口；或都营地铁浅草线"浅草站"A4出口，步行即可到达。

门 票 免票

明治神宫

　　明治神宫是一座供奉着明治天皇和他的配偶昭宪皇后的神社。明治天皇是现代日本的第一位天皇，1868年他从封建德川幕府手中接过王位成

为天皇。明治神宫坐落在东京都涩谷区，地处东京市中心，占地七十公顷，紧挨着新宿商业区，占据了从代代木到原宿站之间的整片地带；是东京市中心最大的一块绿地。明治神宫与日本人的生活可谓息息相关。每年都有多场新生儿命名仪式、成人礼、毕业典礼和婚礼等各种人生重要仪式在明治神宫举行。

如何前往
JR山手线上"原宿站"；或千代田线上"明治神宫前车站"下车，步行即可到达。

门 票 免票

皇 居

　　皇居指天皇平时居住的场所。在19世纪时皇室家族从京都迁居到这里，宫殿作为天皇及其家眷住所，隐藏在大片树林和庭园的深处。皇居大部分地方均不向公众开放，只有东面的皇居东御苑是开放供游客参观的。二重桥在每年的1月2日及12月23日（天皇的生日）两天向公众开放，到时皇室家族将在皇宫平台上，向大家挥手致意。

大江户温泉物语

　　要在东京都内泡温泉，大江户温泉物语是一个便利之选。利用地下1400米深的天然温泉水，大江户温泉物语打造了六大温泉浴池。夜间在"露天风吕"泡汤，看着点点繁星，和朋友开心畅谈，一定是难忘的经历。大江户温泉物语的独特之处，在于营造出了江户时代的氛围，它再现了江户风貌的古老街坊，加上不定期上演的民俗节目，让你可以在泡汤的同时，感受地道的古老江户生活。

市井东京

歌舞伎町

　　歌舞伎町是位于东京都新宿区的町名，区内聚集许多电影院、酒吧、风俗店、夜总会、情人旅馆等，被称作"不眠之街"。歌舞伎（Kabuki）是日本典型的民族表演艺术，在第二次世界大战后，现在的歌舞伎町一番街附近建设了歌舞伎的表演场地，艺能设施在这边聚集，所以这个新建的町被命名为"歌舞伎町"。现在，歌舞伎町已经变成了世界闻名的夜生活闹市，一直到深夜，这里依然灯火通明，人声喧闹。

如何前往
丸之内线"新宿三丁目站"B5出口步行1分钟即到。

筑地鱼市

　　如果你想吃到最新鲜的海鲜寿司，就应该到筑地鱼市去。这个规模庞大的鱼市不仅是日本最大的、同时也是世界上最大的鱼市之一。对于没有观看过此类场景的人来说，这绝对是一个不可错过的体验机会。在市场的周围，布满盖有顶棚的寿司店和海产品商店等，为游客提供最新鲜美味的海鲜。

如何前往
地铁日比谷线"筑地站"1号出口，向南步行5分钟；或都营大江户线"筑地市场站"A1出口出站即可到达。

艺术东京

神田书店一条街

　　神田神保町书店街，是全东京文艺气息最浓郁的地方。众多的书店一家紧连着一家，其中不少是富有特色的古旧书店，规模之大，堪称"世界之最"。因为有多家出版社在这附近，这一带许多优雅的咖啡馆，成了作家、编辑和创意人员的相聚地。在东京神田书街三百多家书店里，有几家中国书籍专卖店。值得一提的是，这里的古书店比新书店还多，店内有许多善本、珍本、孤本，恐怕在中国的一般书店都难以见到。

如何前往
JR山手线在"神田站"下；或新宿线、三田线、半藏门线至"神保町"下。

三鹰之森吉卜利美术馆

　　如果你喜欢宫崎骏的动画，那么你绝对不能错过"三鹰之森吉卜利美术馆"。《龙猫》、《千与千寻》与《哈尔的移动城堡》等，都是吉卜利工作室出品的备受世界喜爱的动画作品。而当你来到三鹰之森吉卜利美术馆，就仿佛置身于这些动画作品的世界之中。这里除了有探寻吉卜利作品诞生之谜的常设展览外，还有聚焦创作者工作的专题展览。

地　址
东京都三鹰市下连雀1-1-83(都立井头恩赐公园西园内)

如何前往
JR中央线"三鹰站"南口步行约15分钟。

门　票
1000日元。(需预约，可在日本便利店 Lawson 预约拿到入场兑换券)

日本国立新美术馆

　　国立新美术馆（The National Art Center，Tokyo）是日本第五座国立美术馆，建在东京港区六本木地区，是由日本著名建筑家黑川纪章设计的。国立新美术馆建筑本身带有未来主义色彩，犹如波浪般的玻璃外墙，曲线优美而富有张力，内部空间宽敞而有通透感。新美术馆可同时举办10个展览，它的最大特点是没有藏品，完全依靠临时性展览运营。在馆内，你既可以欣赏到知名外国艺术家的杰作，又可以看到知名度不高的新艺术家的作品。

地　址
东京都港区六本木7—22—2

如何前往
大江户线"六本木站"下7号出口步行约5分钟到达。

门　票
视展览内容而定

时尚东京

新　宿

　　东京具有代表性的繁华街区。仅JR山手线新宿站每天就有超过350万人次的客流量哦。这里有大量的商厦，是购物的好去处。

银 座

　　在江户时代曾是幕府的银币铸造所，因而得名"银座"。这里汇集了全球最顶尖的一流品牌，也有历史悠久的百年老店。走在时代最前端的商店与具有历史感的建筑相得益彰。

涩 谷

　　被赞誉为"时尚发源地"，以年轻人的街区而知名。在这里能看到令人大开眼界的被称为"视觉系"的奇装异服和独特妆容，诸多的流行时尚就是从涩谷爆发，从而影响日本甚至全世界的前卫文化。

秋叶原

　　秋叶原作为电器街而世界闻名，家电量贩店和多种电子配件店一家挨着一家。这里还是动画动漫迷的聚集地。秋叶原还具有亚文化街的一面，被称为"御宅族之街"，女仆咖啡店就在此诞生，是拥有独特文化的街区。

六本木

　　六本木曾以夜店林立而闻名，自六本木Hills开业以来，剧院、艺术馆、电视台及高级商场纷纷入驻，六本木正在逐渐蜕变为东京最新的奢华之地。

PART 3

东京购物

Go 时尚

时髦的东京一向是流行时尚的舞台，顶级的品牌专卖店、名设计师品牌店、百货公司、特色小店……各式店铺在这里汇集，应有尽有，加上这里便利的交通、"以顾客至上"的贴心服务，让东京无愧于"购物天堂"的称号。

而日本特有的一些特色店，像药妆店、百元店等，则随处可见，想逛就逛，令人有随时进去逛买一番的冲动。

准备好了吗？就让我们开始逛！

热门街区

完美相融的矛盾体
新宿

　　商厦林立、交通便利的新宿是一个"超级玩乐场"，东京都厅、百货商厦、豪华夜景、经典建筑、个性百货店、公园绿地、五星级酒店在这里组成了一幅现代超级都市图画。新宿是东京交通的第一大站，每天仅从JR山手线新宿站走出的人，据说就有350万。

新宿是东京行政与商业的新中心。新宿西部的摩天大楼区，除了东京都厅双子塔，还有众多的高层大厦。多数大楼的最高几层，都设有五星级酒店，拥有"头等视野"——这一片区域被誉为"日本的曼哈顿"。此外，新宿的南部是百货公司和商店云集区。而东部，则是传统的街区，包括闻名遐迩的"歌舞伎町"。

新宿也可以说是一个高度浓缩的"迷你版东京"：现代摩天大楼一旁，是灯红酒绿充满市民生活气息的小街；成片的高级百货商厦与特色廉价小店安然共存，建筑密集寸土寸金但却拥有大片的公园绿地。各种矛盾体，在这里完美相融，或许，这就是新宿的魅力所在。

特色街道 ///////////////////

西口电器街 ——————

秋叶原外，新宿车站西口的电器街也是买电器、数码产品的好去处。其中以卖相机起家的YODOBASHI CAMERA是超大的电器卖场。

人气商厦/商店必逛 ///////////////////

高岛屋时代广场 ——————

高岛屋时代广场是日本的老牌百货商店，十分现代的外观造型，但经营项目与装饰风格却是严守高档百货精致、中规中矩的作风。里面的风格杂货店TOKYU HAND和大型连锁书店纪伊国屋都拥有众多忠实的粉丝。

丸井百货0101 ——————

丸井百货0101是以年轻时尚男女为目标的时尚百货，里有四个分馆，是新宿地区引领时尚潮流的风向标。此外电影院和餐厅也深受欢迎。

伊势丹Isetan

伊势丹具有超过100年的历史，新宿店是伊势丹的旗舰店，拥有古典的建筑外观。在这里有大量国际精品服装，包括日本著名设计师川久保玲、山本耀司、三宅一生的作品。尤其难得的一点，伊势丹新馆是男士馆，你可以在在这里一站式购买男性服饰。

药妆店：松本清

新宿东口的松本清Matsumoto Kiyoshl是人气最旺的药妆店，品种很全，不仅有人气护肤品、化妆品，也有国际大牌产品。

独家看点

东京都厅展望台

可以欣赏东京夜景的高楼不少，但东京都厅第45层展望台深受追捧，不仅因为它是免费的，而且在这里可以欣赏夜色中的东京塔。

穿越时间的经典华丽
银座

如同它的名字，银座散发着贵气的光芒。它名字的来源，就跟银子有关。江户时代，银座的所在地是幕府的银币铸造所，所以得名"银座"。

今天，银座是东京繁华的商业中心，与巴黎的香榭丽舍大道、纽约第五大道齐名，并称世界三大繁华中心。所有进军日本市场的世界名牌，都视这里为"主战区"，所以在这里，你可以看到几乎所有的世界知名奢侈品牌。

银座有着特殊的魅力，精致奢华的名品店与富有悠久历史的百年老店一起，营造出银座摩登时尚而不失文化质感的独特氛围。

特别值得一提的是，周末下午，银座的主道路中央通禁止汽车通行，变成步行街。这时候，数万人在街上漫步购物，也是一道独特的风景线。

特色街道

中央通

银座的主要街道，有大量国际奢侈品专卖店在这里设立旗舰店。整条街的风格奢华时尚，定位高端。不少名品专卖店，都是由一流的建筑师操刀设计。即使你对奢侈名品不"感冒"，也可来到这里，感受一下高雅华贵的气息。

并木通

与中央通平行的并木通也汇聚了众多的知名品牌和精品店。街上有不少历史悠久的建筑，与道路两旁的绿树一起，使并木通有一种老银座的雅致风范。

人气商厦/商店必逛

银座和光

银座和光是银座的地标，它的建筑主体上有一座钟楼，建于1932年，大钟使用了高精度的精工石英钟，每到整点就会响起钟声报时，与古朴的建筑一起构成怀旧的浪漫风情。和光主要经营高级钟表、珠宝及其他奢侈品。

三越百货

三越百货银座店在1930年开幕。它的历史可回溯至1673年。它的前身"越后屋和服店"，最早实行明码标价，改变了当时流行的讨价还价方式，被日本人称为"大百货商店的开拓者"。"银座三越"内装修豪华，进驻了TIFFANY、GUCCI等众多知名时尚品牌。"银座三越"还特别推出名为"三越STYLE"的服务，同众多品牌推出三越限定版或独家发行款，深受日本女性欢迎。

索尼大楼

大楼内的展示厅可看到索尼的最新产品，包括DVD录影机、电视机、相机、影音组合、手机、电脑和PS游戏机相关产品。

银座OPAQUE

OPAQUE是时尚OL来到银座必逛的购物中心，建筑外观十分时尚耀眼，四层高的大厦汇集了世界知名的品牌服饰、化妆品。

独家看点

歌舞伎座

这座1889年开幕的歌舞伎座每天都有歌舞伎表演。一般歌舞伎演出为时3至5小时，分成3至4幕戏。购票时可选择全出剧或单独一幕戏。另有英语耳机导听，成为外国游客了解日本传统舞台剧的最佳场所。

东京私旅实录

银座·两姐妹的小酒屋

◇ 时永刚 ◇

作者简介

时永刚，从事新闻工作近三十年。爱好旅行，上世纪八十年代骑自行车游历全国，以纪实散文形式写各地人情风俗及自然风光，文章曾被评为《读者》杂志读者评选的年度十佳文章。近些年常为从事艺术创作和艺术收藏的人士写艺评和人物特写。现为《青年报》社副总编辑。

东京的傍晚，天空忽然下起了濛濛的细雨，雨水给空气降了点温度。这是我们在日本东京驻留的最后第二天。

吃晚饭的时候，不约而同地给肚子留了那么一点空间，因为向导曾先生上午就告诉我们了：晚上八九点光景要带我们去银座的小酒屋坐坐，喝点酒，见识一下银座小酒屋的独特韵味。

饭后回宾馆稍息了一会，我们一行五人驱车来到银座。车子停在了一条小街口，下车看见，小街虽小但十分洁净，濛濛细雨依然下着，但街两旁白晃晃的招牌灯光照亮了夜空。夜晚白晃晃的城市之光，大概是日本人的最爱，因为整个银座的夜晚仿佛都在这种光色的怀抱里沉醉、闪烁。

曾先生在前面带路，我们没有打伞，一个个妆饰得时装模特样的年轻女子从路的两边目不旁视从容而过，时在6月初上，她们那一身"短打"，倒是给这条白惨惨光影笼罩下的、细雨中的银座小街点缀出一片片鲜活来。

沿街道的一扇铁门前，一个撑雨伞的瘦小日本女子远远地向领路的曾先生笑着招手。她一身白装，笑容可掬，看见我们还弯了弯腰，神情就像是老电影中的日本女子。我们也还以一下微鞠，正当我们以为曾先生在银座街头巧遇了日本老朋友的时候，她们开口就是一句上海话："侬好！侬好！"接着又向我们伸出了手。

上海人！我们恍然大悟，连忙握手。一时间仿佛站在了上海的马路上。曾先生向我们介绍她是"我老同学，小许，在日本已经15年了。"

"到了到了！就在上面，到上面再说吧。"在异乡见到老乡，看得出她也挺高兴的。

小酒屋——到了？就在我们怀疑间，她顺手推开了身后的那扇铁门，就先沿着楼梯走上去了，我们跟在她的后面，就像在上海人家里串门。不过到了3楼，当她推开了一扇房门的时候，倒真是让我们吃了一惊，刚才还是寻常人家的楼梯，眼前却是一片酒的精致小世界，30平米的一间屋子，靠墙的酒柜前面是酒吧台，三套沙发靠着另三面墙，屋里打着温馨的灯光。

小酒屋，名副其实。一股扑鼻而来的酒味，让我们确信小酒屋真的到了。

"欢迎，欢迎，阿拉上海的客人！"小酒屋的主人竟然也是上海人，一对在日本生活了十几年的亲姐妹。我们终于明白了曾先生为什么要把我们引到这里。原来他是组织了一场东京银座小酒屋的"上海人小聚"。

在沙发边添了几只圆凳，我们一行人满满地占据了靠窗的一面墙，问候还没有完，两位年轻的女服务生已经将毛巾递了过来，她们也是上海人，边读书边在这里打工。冰凉、微香的毛巾擦上脸，在东京紧张了一天的情绪这时已经跑了一大半。

接着，上海话伴随着生鱼片、威士忌、啤酒、小酒杯、大酒杯，在我们的面前一点点铺开了……

不一会儿，一个服务生走过来问我们：那位日本人想向我们敬酒，可以吗？当然可以。

其实一进门的时候，我们就注意到了他——一个中年人，在一边沙发上喝着酒，和服务生对坐着低声说话。此刻，他拎着酒瓶走过几步来向我们敬酒，没料到他说的是一口流利的中文：

"你们好！我敬你们。

"我在上海工作了7年，我喜欢上海。

"我们公司现在还在上海。我可能还要去……"

几杯下去，他又掏出名片与我们交换。他叫"小岛诚之"。看得出，小岛半醒半醉，不过此刻他很开心是一定的。临走前，他一定要唱一支卡拉OK，结果他唱的是《东方之珠》，字正腔圆，充满感情。此刻，我们真有点感动。直觉告诉我们，小岛与中国大概真是有缘分吧。

小酒屋姐妹告诉我们，他经常来喝酒，今天晚上他来的时候特别郁闷，但说说喝喝，坐了一个多小时后情绪就慢慢好了，和服务生的话也开始多起来了。

这样的客人很多，"他们喝点酒，和服务生说说话，一二个小时下来精神放松了，就走了。我们这里的服务生都是上海来日本读大学的，到这里既打工，又练口语。她们一般到了晚上11点钟就要坐地铁回宿舍，不然打的回去，那开销就大了。"

"那年纪轻的有没有来这里的？"

"年轻的很少来，因为他们消费不起。中年人最多，老年人也有。我们这里有几个70多岁的常客，经常来喝酒，一坐就是半天，临走的时候拉着我们的手都不肯放。付的小费还特别多。"

我们想象着这个场景，这几个老人坐在这里慢慢喝酒、轻轻聊天，大概是在借此回忆自己的青年时代吧？

……

比我们先到后到的客人都走了，三个服务生也起身告辞了。她们还要去赶地铁，明天一大早还要上学。一个服务生在告别的时候对我们说："看见你们我就很想家。快了，今年夏天我就要毕业回上海了！"

屋外，雨开始下得大了起来，隔窗传来了噼噼啪啪的雨点声和人们跑步躲雨的脚步声。屋里，两姐妹又打开了一瓶酒。

不经意间，小许悄悄地点上了一支烟，慢慢地将烟气吐出。看我们都注意到她，她笑笑说："很长时间没有抽过烟了。在家里不方便抽。"

小许在日本生活了20年，嫁给了日本人，现在小孩也已经很大了。她说在这里已经习惯了，只是经常会想起上海，想起在上海的父母家人，想起在上海的日子。小许长得很清秀，说话的时候露着特别白皙的牙齿。岁月已经在她的眼角留下些许细细的素雅纹理，笑起来显得很实在、很亲切。

倒是小酒屋的两姐妹，尽管只是施了淡妆，但还是显露出外向的张力，特别是姐姐，说起上海，说起上海的父亲语速便立马加快。她母亲前几年生病过世了，父亲又结婚，那"后妈"对不上这姐妹俩的口味，于是每次回上海，给父亲留下点钱就匆匆回银座了。"只要老爸觉得好就行了。我们管不着。我们在这里挣得到钱。钱无所谓。我们不去掺和他们的事。"她们在上海还买了两套房子，一套就给父亲住。

银座的地产价格很高，姐妹俩在这里租借这间小房子开酒屋，一个月的前十天她们就是给房东在打工卖力，后面才是给自己挣钱。前几年这里的生意还火爆，这两年已经明显在走下坡路了，不知什么时候好时光再来？

闲谈间，摆在面前的酒已经全喝光。两姐妹又要去开酒却被我们劝住了。

夜已经很深。我们告辞出门，星光下，银座的白光依旧，街上的行人已经很少，雨也已经停了。走在还是湿漉漉地上，我们的脚步声清脆响亮。

银座，这名字有点灿烂的诗意。银座的小酒屋，那是人间的喜悦与烦忧相聚的地方，充满了世俗的人情味。

新新人类的潮流地盘
涩谷

最时髦的东京在哪里？日本人的回答是：涩谷！涩谷以一种张扬的个性，创造出一波又一波的新潮流。"新新人类"一词，就是日本哲学家在涩谷发现而提出来，即刻流行全球。涩谷可谓是年轻人的地盘，这里总是挤满了穿着新潮大胆的年轻人，炫目的打扮被称为"涩谷系风格"，他们创造出双手如章鱼般挥动的"PARA PARA舞"和讲述年轻人文化的"涩谷系音乐"。也许，也正是这种不受日本传统文化的束缚的反叛性，使得这里充满活力，也为城市青年新文化发祥地。

在涩谷，有数不清的时尚服饰卖场和充满新鲜玩意的杂货小店，近两年来，随着高级商场、情调优雅的咖啡馆在涩谷的增多，除了年轻人以外，熟女熟男也会在这里找到乐趣。想要感受最新潮的脉动，不妨来涩谷。

特色街道

中央街

作为许多日本时尚潮流的发源地，中央街是一个繁忙的步行区，两旁遍布商店、精品店、游戏厅、夜总会和餐馆。

公园通

公园通（Koen）是一条从丸井百货商店到代代木公园的购物街道。沿街的人行道上栽有绿树和鲜花，干净整洁。各种类型的商店，将购物、美食、娱乐一网打尽。

西班牙坂

西班牙坂(Supeinzaka) 由于类似西班牙街道场景因而得名。它是一条狭窄的大约100米长的步行街道，有台阶通往Parco百货商店。它两旁布满杂货店、服饰店、精品店、咖啡馆和餐馆，非常热闹。

人气商厦/商店必逛 ////////////////////

涩谷109（SHIBUYA109）————————

　　涩谷109是"辣妹"大本营。它铝板包装的圆柱形外观非常醒目，共有十层，店里几乎全是针对15—25岁年轻女孩的柜台，鞋子、包包、假发、内衣等等一应俱全，色彩鲜艳，造型大胆，可以说，涩谷109是引领日本年轻人流行趋势的风向标。

Parco ————————————————————

　　Parco百货在涩谷地区拥有Parco part1 、Parco part2 、Parco part3、Quattro、Zero Gate等八家不同风格的百货商厦。Parco part1主打国际知名时尚品牌，Parco part 3着重在"涩谷系"的街头混搭风格服饰，Zero Gate则外观时尚，除此之外，每家百货里面的餐厅、咖啡店、服饰和家居用品等，都有各自独特的风格。

独家看点

八公铜像

位于在车站出口处的八公铜像，是东京最著名的狗狗铜像。这背后有一个温情的故事。有一只秋田犬名叫HACHI(中文"八"的意思)，他对主人非常忠诚，在主人死后几年里每天仍风雨无阻地来到车站前等待主人。为了纪念这只小狗，特别在这里为它立了雕像。八公铜像是涩谷的地标，东京人通常将它作为约会碰面的地点。

型格潮人的风范
原宿

　　披着Cosplay行头的女孩，与身着CHANEL的贵妇迎面走过，两人都怡然自在，丝毫不会关注对方。这样的场景，每天在原宿的街头上演。原宿是可以让人完全放松、轻松逛街的地方。在这里，你不管打扮得怎样怪异，都不会被注目，因为永远有比你更出位的人。

　　原宿可谓是东京的时髦重地、街头文化的代表，近年来盛行的"古着"与混搭风，就是从这里

开始流行。非常有意思的是，在原宿，你可以买到30日元的一件二手衣，你也可以买到30万元一件的奢侈品。因为在这里，有专做少男少女生意的便宜货一条街，有由著名建筑师设计、进驻的全是世界知名大牌的"精品名店街"，也有藏在住宅区里的设计师个性专卖店，各个年龄段的"型格潮人"，在这里都能找到适合自己购物的场所和目标。

与银座、新宿等街区拥有大量的百货商店相比，原宿更多的是精品专卖店、设计师品牌店和个性前卫小铺。如果你想买到与众不同的服饰。原宿是最值得慢慢闲逛的地方。

特色街道

竹下通

竹下通是一条狭窄的、大致400米长的街道，两旁布满了小店，出售夸张的服饰、时髦的手饰和鞋子等等各种杂货，是少男少女的寻宝地，也是爱搞怪、有创意的"原宿族"购买行头的地方。

表参道

表参道是一条约一公里长的绿树成荫的大道，具有欧洲风格，沿大道两旁分布着众多世界知名品牌专卖店，被称为"东京的香榭里舍"，表参道是一条能感受时装、文化和艺术等知识氛围的街道。表参道也通往明治神宫。

人气商厦/商店必逛

表参道Hills

中文经常译为表参道之丘，是由著名建筑师安藤忠雄设计的购物商城。表参道之丘是在"同润会青山公寓"旧址上所进行的再设计，与当地的景观完美融合。表参道之丘2006年2月开业，具有迷人的室内设计，表参道之丘里聚集了最新潮的精品名牌。

川久保玲

日本著名时装设计师川久保玲在青山所开的这家专卖店，非常炫目。倒三角圆柱形的展示橱窗，以冷色调表现出梦幻的未来感。川久保玲抽象的图案、简洁的剪裁，使服装表现出年少纯真的主题。

东方市场

这是东京最大的纪念品商店之一，商店共有四层。你如果想寻找典型的日本纪念品，如和服、碗筷、灯、玩偶、家具和武士物品，可以来到这里淘宝。

儿童乐园KIDDY LAND

这是东京最著名和最受欢迎的玩具商店之一。位于表参道中间地段，它共有六层，全部销售从电子游戏到充气玩具的各种各样的玩具。许多主流玩具品牌，如迪斯尼、Barbie和Hello Kitty都可以在这里买到，最新发售的玩具也会以最快的速度在这里出现。

独家看点

COSPLAY

日本的动漫狂潮席卷全球，不少人热衷于COSPLAY（角色扮演）。原宿车站一带，就是COSPLAY的大本营之一。周末，会有许多年轻人穿着疯狂的服装聚集在这里，把自己打扮成动漫角色和朋克音乐家，成为原宿一景。

时尚都会的美学风格
六本木

六本木曾以灯红酒绿、夜店林立的夜生活而闻名。不过时至今日，六本木已经完成了它的"华美转身"，六本木Hills与东京Midtown的进驻，带来了浓重的时尚色彩，两个建筑的本身，均由著名的建筑师操刀设计，散发出现代摩登的气氛。六本木Hills与Midtown设有商业、休闲、住宅、办公区、豪华酒店和美术馆等设施，与附近的餐厅、剧院、艺术馆、电

视台组成了六本木的高端潮流风尚。

六本木还渐渐成为了"文化中心"，新建成的全国艺术中心与六本木Hills的森美术馆、Midtown的三得利艺术馆一起形成了"六本木艺术三角"，使六本木区在东京文化地图上成为一个独特的标记。

独家看点

六本木Hills

当你看到那只巨大的蜘蛛，六本木Hills就到了。六本木Hills以54层的高层摩天楼——森TOWER为核心，周围呈放射状分布着购物中心、电影院、餐厅、日式花园、电视台、观景台、商务中心、豪华饭店等等。在森TOWER顶层，还有美术馆。

电器的大世界
秋叶原

"买电器，到秋叶原！"已是人们的共识，的确，这里的电器一条街世界闻名。秋叶原车站附近和沿着中央大道有大大小小数百家电器店，它们出售的商品范围，从最新型的电脑、相机、电视、手机和家用电器，到二手商品，应有尽有。秋叶原的电器、数码商品不单品种多，而且款式新，各种各样的新鲜玩意都能在这里找到。近些来，大量以动漫游戏为主题的商家纷纷入驻秋叶原，秋叶原也成了游戏、漫画、动画的文化中心。

秋叶原独特的亚文化现象也为社会学者所关注。秋叶原被称为"御宅族圣地"——过分沉迷于某种事物而自我封闭的"御宅族"，他们常在秋叶原一带出没，购买最新的"装备"。为此，在日本，还衍生出一个名词"秋叶原系"：这些以兴趣为主而不重视穿着打扮的人被称作"秋叶原系"。此外，模仿游戏中的场景设置以及出场人物装扮的茶馆、咖啡馆也在此出现。有名的"女仆咖啡馆"就是从秋叶原开始流行的。

人气商厦/商店必逛

石丸电气

石丸电气是一家规模很大的电器店，包括主店在内，在秋叶原共有10家店，分别出售生活家电、电脑、游戏、软件、CD、DVD和动漫产品等等，深受年轻人欢迎。

Yodabashi Akiba

位于秋叶原车站出口的Yodabashi Akiba是日本规模最大的家电购物中心，共分九层。出售电脑、电器和游戏软件等商品，里面还设有餐厅。

Sofmap

Sofmap在秋叶原地区一共有16家店。以销售电脑、电器及动漫相关产品为主，店里可以找到各种最新款的电玩软件，同时还出售二手电脑。

Akiba Station Plaza

Akiba Station Plaza是石丸电气旗下的一家电器专卖店，与其他拥挤的店铺不同，这里环境舒适，明亮宽敞。除了日本各品牌的手机、数码相机，还有来自美国最新的IT产品。

LaOx

LaOx是一家大型电器、电脑专卖店，同时提供退税服务。总店的卖场从地下一层到七层，三层有电脑、电子字典等商品。LaOx在秋叶原还有其他的动漫主题馆，也值得一逛。

Akky

Akky是免税的电器店，出售能在海外使用的相机、电脑、电视、DVD播放器和软件。Akky在秋叶原站附近一共有三家免税店：Akky 本店、Akky II 和Akky III。

温馨提示

购买电器或者电子产品时，应留意电压是否可以调节，以便于在国内可以使用。

独家看点

女仆咖啡馆

秋叶原电器街上的"@home cafe"是一家女仆咖啡馆，店内布置得像教室一样，服务员打扮成女仆，称呼客人为"主人"，面对面为客人服务。女仆咖啡馆正是从秋叶原电气街开始兴起后，迅速在全日本甚至全亚洲流行。

零食特产的天下
浅草

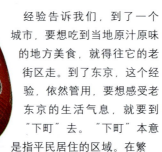

经验告诉我们，到了一个城市，要想吃到当地原汁原味的地方美食，就得往它的老街区走。到了东京，这个经验，依然管用，要想感受老东京的生活气息，就要到"下町"去。"下町"本意是指平民居住的区域。在繁华喧闹的东京，只有不多的几个地方保留有传统的下町风情，而浅草就是其中之一。

在浅草，曲折延伸的小街道两边，多是一两层木制的住宅，沿街有保留着数十年前风貌的小店，传统的零食杂货、居酒屋就在这些店铺的中间，整条街道散发着古朴的气息。

说到浅草，就不得不提东京的著名景点浅草寺，而浅草寺前的仲见世街，就是购买传统小食品和特产的好地方。

从雷门到浅草寺宝藏门，有一段石头铺的路，为参拜观音的必经之路，这就是著名的"仲见世"街。街两旁有近百家漆着朱红色门面的小店铺，它们大多卖一些留存着江户古风的小商品，如风铃、布帘、和服布料、和伞、木屐等手工艺术品，夹杂在这里店铺当中的，还有出售人形烧、煎饼、和菓子等传统点心的零食小铺。可别看这

些店铺很小，好多都是久负盛名的百年老店哦。

如果你要买一些有日本特色的礼物，仲见世街是一个好去处。

仲见世街人气店铺

木村家人形烧

明治初年创办的老店"木村家"，现场制作的人形烧有"鸠"、"提灯"、"雷公"等传统样式，红豆馅据说来自北海道，甜而不腻，现场还有专人示范人形烧制作过程。

助六

已有一百多年历史的助六出售的江户趣味小玩具，是一种迷你的人偶模型，纯手工制成，精致的做工令人叹服。虽然价格略高，不过很有收藏价值。

黑田屋本店

黑田屋主要出售以"纸品"为主的和风工艺品。和纸上印有各种传统的图案，加上挂轴就可以成为装饰品。除了扇子、信纸、笔记本之外，店家的人气商品是自己设计的精美明信片。

三美堂

三美堂卖的主要是各种日本装饰开运小物，还有浮世绘、和风挂饰、手帕、线香等等，店里总是挤满外国游客。

东京街头特色店HOT

　　东京的时髦，还体现在商店卖点的求新上。这也反映出日本商业的成熟与竞争的激烈：商店要有一个独特的卖点，要么要有令人惊呼的价格优势，要么要有风格突出的店铺装饰，要么要有一个打动人心的主题。总之，别具心思的商家，传递出一个信息：为了顾客你，我们什么都愿意。所以在东京的街头上，你能发现很多有特色的店铺。

药妆店

　　走在东京街头，你常常看到很多的店铺上有大大的"药"字，其实里面卖的不仅是药品。它

们的定位类似国内的"屈臣氏"，日用品、洗护用品、药品、化妆品、健康食品一起卖，这就是日本的药妆店。因为护肤品、化妆品的热销，许多药妆店以年轻女性为目标，将货品的比重放在护肤品、化妆品上。

　　日本的药妆店遍布大街小巷，甚至有超过便利店的趋势。在药妆店里，商品是开架式销售，里面几乎所有的化妆品都可以免费试用，你可以在试用过后再选择适合自己的产品，这样的设置很人性化。

药妆店人气产品

雪肌精套装

　　在日本一般的药妆店内，雪肌精作为套装来出售一般都会打6至7折，非常合算。产品会与国内专柜的略有不同，但质量不受影响。

DHC

　　在日本，DHC主要是在网络与专卖店来进行销售的，但在药妆店还是能够发现有DHC，而且要比专卖店折扣更多。

超强保湿的JUJU

JUJU的产品在日本一直热卖，因为JUJU的产品不含香料、防腐剂、矿物油和色素，所以用起来不会过敏。本身价格略高。

Dr.Ci:Labo

被称为日本药妆皇牌，其每样产品效果都不错，而且温和不刺激。品牌创始人城野医生是城野诊疗所总院长，他是日本国内少数从事激光治疗的医生之一。

Kiss Me卷翘睫毛膏

这个以《凡尔赛玫瑰》漫画女主角为包装的Kiss Me系列，几乎所有的产品都热卖，尤其是这款睫毛膏，有着超强的卷翘效果。

KATE眼影盘

KATE是嘉娜宝旗下的一个品牌，走平价路线。这个品牌的眼影盘，多次荣登日本时尚杂志"眼影盘评选"的榜首，因为它颜色丰富，搭配合理，而且容易上色。

资生堂恋爱魔镜眼线笔

好拿又好画是这款眼线笔超人气的理由。尤其在经过升级之后，抗水性与持久性更好，不会晕染。不需要高超的化妆技巧，就可以轻松地一笔勾勒出眼线。

肌美精面膜

是大家去日本药妆店必买的产品之一，日本本土品牌的面膜纸张质量好、价钱便宜，最主要的是

效果还不错。其中肌美精、美肌一族是很多人必买的面膜。

SANA毛穴达人隔离霜

这款隔离霜的英文品名是"Pore Putty"，其意就是涂上一层后能把毛孔都隐藏。产品设计也很特别，在瓶盖上附有像白胶一样的涂棒，可以直接涂抹在脸上。

KOSE Softymo 温和眼唇卸妆乳

这款被称为"画眼妆的女生必备"的温和眼部卸妆乳，添加玻尿酸，接近眼泪的中性成分，敏感的眼周与唇周都能安心使用，使用完也不会干燥。

100元店

100日元，通通只要100日元！100元店的出现，掀起了日本零售市场的价格革命。店里的所有商品，全部以100日元销售。普通的日本人可能一年也用不着去大商场，但却要经常光顾物美价廉的百元店。那里可以买到日常生活所需的绝大多数商品，有厨房卫生用品、各类食品、办公用品、文具书籍、服装和小家电……百元店价格虽低，但是质量也有保证。其中最有名的"大创"是具有代表性的100元店，它在日本国内拥有2500多家店铺，店里许多商品既实用又美观。在这里，你也能淘到一些可以作为礼物送人的商品。近来还有更低价的"99日元店"出现，最大的受益者，自然是我们买家啦。

东京私旅实录

玩转日本药妆店

◇ 蔡青 ◇

相信每个女孩小时候都会有这样的经历，偷偷拿出妈妈的口红在唇上乱抹，顶着一张血盆大口，自以为美若天仙地四处招摇。等渐渐长大了，便开始知道要有选择有追求地往脸上涂涂抹抹。直至今天，家里的化妆品早已经堆成小山，拆开的没拆开的混在一起，只因为爱美是女孩子的权利，把自己打扮得漂漂亮亮绝对是一件很重要的事情。

在中国，日本化妆品的名气越来越响。在去日本之前，身边的朋友纷纷发来邮件，拜托我帮她们采购各种化妆品。我自己也在网上查询了一些最热门最好用的化妆品，准备去日本大肆采购一番。日本化妆品以产品功能丰富为主要特点，同时比较健康安全，各个品牌也会专门推出不含添加剂的护肤品。这些产品不以追求明显效果为目的，而是希望能够从本质上还原使用者的好皮肤。而日本的彩妆更是以自然效果著称，使用后不会看出刻意化妆的痕迹，很适合东方人含蓄的个性。正因为日本化妆品的这些特点，化妆品已经成为人们去日本旅游必买的产品之一了。然而，面对琳琅满目的产品，该去什么地方购买这些化妆品呢？我觉得日本药妆店就是一个不错的选择。

药妆店不同于一般商场的化妆品柜台，采取的是开架式销售。药妆店的前身一般都是传统药房，随着经济和生活的需求，开始售卖化妆品，从而形成了药妆店。在药妆店里，可以看到几乎所有品牌的产品，价格便宜并且经常有促销活动。这里的产品更新速度很快，仔细淘淘还能发现各种新奇有趣的产品。正是这种新鲜和便利，使得日本的药妆产业迅速发展。药妆店不仅是当地人爱逛的地方，也成为了游客淘宝的好地方。

日本的药妆店大大小小遍布街头，位置多在车站附近或人流较大的街道旁，交通十分便利。其中，Matsumoto Kiyoshi（松本清）是日本最大的连锁药妆店，只要在街头看到大大的黄色牌子上有一个"药"字，就说明找到了。松本清一般分为三层。一走进店铺，入口

作者简介

蔡青，上海外国语大学传播学研究生在读，酷爱旅行和美食，喜欢用文字记录生活美好点滴。带着点小浪漫小情调，偶尔自律，经常微笑大笑。23年的人生经历中几乎走遍了中国，喜爱凤凰的沉静，丽江的妖娆，北方的大气，南方的温婉；英国的理性，日本的贴心，泰国的热情……认为每一次旅行都是视觉和味觉的双重享受。旅行就是带着一颗好奇心去体验美食、美景和美好的心情。

处就放满了当季的畅销产品。这些产品是由日本时尚杂志评选出来的最受欢迎产品，在使用者中都有着很高的评价。工作人员每段时间就会为一款或几款产品进行促销，买一送一的情况也时有发生，价格十分诱人。在第一层，可以找到各种药品、眼药水、洗发水、护发素、发膜、染发膏等日用品。日本女性大部分都使用染发产品，因此好的染发产品和护发产品对于她们来说是十分重要的。各家日用品公司都旨在研究出对头皮伤害较低的染发产品，同时也会在护发产品中添加保湿修复等功能，十分贴心。

第二、三层就是购物者的天堂了。一排排的货架上按着不同品牌摆满了保养品彩妆品。从有名的资生堂到一些不知名的小牌子，家家都有自己的产品。甚至光是资生堂旗下就又分有数个不同的二线品牌，几乎所有日本的化妆品都可以在这不算很大的两层楼里找到。日本的化妆品种类繁多，比如洗面奶要分为日用型和夜用型；润肤乳会根据乳液滋润程度分为清爽型、适中型和滋润型；就连护手霜也会根据不同需求有不同产品。彩妆品就更是如此，为了满足不同季节皮肤的不同状况，各个品牌每过段时间就会推出新的产品，一支支睫毛膏，一盒盒腮红眼影，颜色纷呈地让人挑花了眼。在店里放眼望去，顾客几乎都手里拿着个小篮子，篮子里装满了各种包装可爱、几乎都没怎么见过的产品。但是这种购物的愉悦感，应该是每个女孩子都能体会到的。

当然，热爱化妆品的人们最关心的还是药妆店产品的价格了。事实上，药妆店里的产品正是凭借其物美价廉的特色在日本拥有极高人气的。同样是资生堂，药妆店里的产品比在百货店买要便宜10%到20%，和国内专柜比更是能便宜近一半。然而，药妆店里的大部分产品是我们在国内没有见过的。一般一支品牌睫毛膏价格在1000日币左右，折合人民币约75元；一盒腮红或者粉饼的价格在2000日币左右，折合人民币约150元。这些产品都来自资生堂、嘉娜宝等日本著名品牌的二线产品，质量有保证，价格也很诱人，是日本女性最喜欢购买的产品。

药妆店里除了常用的各种护肤品和彩妆品以外，还经常会有一些新奇好玩的产品，它们价格适中却有着各种有趣的功能。笔者在药妆店里就发现了一盒蒸汽眼罩，包装和一般面膜很像，打开后类似于眼膜。使用时只要把眼膜后面的虚线撕开，分别挂在左右耳背，就会渐渐感到温暖，仿佛做了个眼部的蒸汽热敷，可以舒缓眼部疲劳。对于女性顾客来说，眼罩发热的原理不是最重要的，使用方便和舒适感才是最重要的。这种蒸汽眼罩的价格也很平易近人，5片装的价格为500日币，折合人民币35元。花不多的钱买有趣的东西，应该是个特别的体验。

药妆店正是凭借着它物美价廉、贴心实用的特点在日本拥有了极高的人气。然而，要在种类繁多的产品中，选中称心如意的产品也并不是一件容易的事情。笔者建议逛药妆店之前最好事先做一下功课。日本药妆店基本上是自助式的，但是有些产品还是会有美容导购根据顾客的需求为顾客试妆。这些美容导购都有着甜美的笑容和敬业的精神，遗憾的是普遍英文不行，更不用说是中文了。因此，在与导购的沟通上也许会存在一些障碍。所以，事先做好功课就可以尽量避免这样的尴尬了。在购买化妆品时，首先可以根据折扣力度购买自己熟悉常用的产品。其次，可以在逛街前在网络上查询一下最新的人气美妆产品，看看是否有自己需要的。另外，也可以翻阅一些日本的时尚杂志，这些杂志都会根据各家药妆店的销售排行和读者投票评选出一些推荐产品。通过这些调查可以帮助自己事先了解一下日本流行的化妆品，从而做到购买时心中有数，也不至于挑花了眼。当你选中自己需要的产品后，可以将产品的名称甚至图片都打印好随身携带，购买时只要把产品目录给美容导购看一下，所有问题就多能迎刃而解了。现在比较大型的药妆店都能够刷中国银联卡，付款时可以看一下有没有银联的标志。不过，要注意的是，面对五花八门的产品，我们很容易就会挑花了眼。购买时一定要有个预算，以免一不小心就超支了哦！

除了松本清这样比较大型的药妆店，在日本一些地铁站口也能见到一些小型的药妆店。有的是专门为女性开设的店，有的为了帮助白领节约时间，只售卖排行榜前10名的产品，这些店都值得一逛，说不定都会有不小的收获呢！

日本的化妆品实在是一个说也说不完的话题，然而感受过的人都会感叹于日本化妆品的细致和纷繁。小小药妆店，会带给你大大的收获。即便回家后又有一堆来不及用的化妆品，笔者相信每一件东西都不会让你失望。

风格杂货店

如果你是"MUJI无印良品"的粉丝，你对这类的风格杂货店也会很着迷。所谓杂货，是指让人生活愉快的生活用品，既讲究功能性，也要具有艺术性，有自己的设计风格。店里的商品有衣服、文具、餐具、室内装饰用品、食品等，品种范围极其广泛。这一类杂货店，在日本全国有连锁店的有"Loft"、"Tokyu Hands"、"无印良品"以及"Plaza"等。"Loft"设计华丽精美的生活用品，种类非常丰富；"无印良品"则是以单色为基调的质朴设计受到人们的青睐，店铺扩展到海外；于1966年开张的第一家进口杂货专卖店"Plaza"也已在日本全国的时尚商厦等处拥有了七十多家分店。

廉价商店

顾名思义，廉价商店因为出售的商品价格低廉而得名。日本的廉价商店里既销售服装、日用品、家电产品，也销售玩具、食品等各种东西，商品琳琅满目，种类繁多。在全国设有分店的 "唐吉诃德"是最著名的廉价商店，其招徕顾客的宣传广告词就是"超值殿堂"。24小时营业的"唐吉诃德"从化妆品到食品、家电，应有尽有。最让人惊叹的是，店里的商品密密麻麻地排列在一起，恨不得一直堆到天花板。因此在这里购物，有一种寻宝的感觉。另外在东京都内，位于上野与秋叶原之间的御徒町的"多庆屋"（Takeya）也非常有名，其内部按照家电产品、钟表及珠宝首饰、化妆品等门类分成8个馆。店内销售食品、家电、手表、化妆品、保健食品、医药品、首饰、服饰、鞋帽、家具、高尔夫球具、玩具等各种商品，不仅品种丰富，而且价格低廉。

和风手信TOP10

在外旅行，选礼物是一件费心思的事。亲朋好友、上司同事个个要考虑到，还要礼物有特色。漫游东京，你完全不用烦恼，这里实在有太多的好选择。多了反而不会选？就看一下购物达人列出的"最佳礼物清单"吧。

NO.1 护肤品、化妆品

日本盛产护肤品，与欧美系的护肤品相比，日系护肤品其实更适合东方人的肤质，而且价格一般比较亲民。在东京，到处可以看到护肤品专卖店、药妆店。如果你要找平价又新的化妆品、护肤品一站式的店铺，也非常多。大规模的有位于银座分店的Matsumoto Kiyoshi（松本清）。里面有Max

Factor、Sofina、Shiseido等产品出售，还常有折扣优惠，买给自己或买给朋友都是不错的选择。另外，FANCL的产品也值得入货。

适合送礼对象：老妈、女性朋友、亲密同事

NO.2 零食

有谁会拒绝好吃的？日本的小吃零食五花八门，不但味道特别，而且包装也讲究，很适合作礼品。如果你在东京行程紧张没有时间细心选购礼物，零食就是永不会出错的选择。东京都内有很多百年老店，有时间的话，你可以自己先去品尝，再买一些带回来。浅草寺也是购买日本零食的最佳去处，这里有不少的零食小铺，里面尽是日本的点心小吃，最出名自然是"人形烧"，特别推荐你去明治初年创办的老店"木村家"。

适合送礼对象：同事、长辈、小朋友等等，几乎适合所有人

NO.3 健康、美容小工具

为了健康和容貌，日本人可谓挖空心思，除了涂抹的、内服的，还发明了有各式各样的外用小工具，时髦好玩又实用。像按摩用的小脸器、瘦腿器、健康磁石项链，记步器、血压计等等，还有很多设计新奇的东西，令人大开眼界。你可以在一些连锁卖场和杂货店找到它们。在JR新宿站东出口处有一家 "ranking ranQueen"，那里有很多热门新鲜玩意。

适合送礼对象：美容小工具送给喜欢新潮玩意的朋友，实用的健康小工具送给老人家

NO.4 江户古风小手艺品

风铃、布帘、和服布料、雕花筷子、漆器、人偶……各种具有日本江户时代风情的小手艺品很适合送礼。在浅

草仲见世街上，出售这些小商品的店铺很多，而且价格合理。在成田机场，也有日式小商品出售，不过价格会比仲见世街要高。

适合送礼对象：上司、同事、朋友、亲戚

NO.5 动漫模型

日本是动漫大国，动漫文化影响全世界。东京街上，到处可以看到卖动漫产品的商店。其中以秋叶原的动漫店最为集中，这里的"手办"非常丰富，而且造型精致（所谓手办，是指在动漫角色原型的基础上，通过个人制作加工，用合成树脂等材料复制改造的模型）。

适合送礼对象：动漫迷

NO.6 手表

都知道手表是送给关系亲密的人最好的礼物。在日本，有我们熟知的西铁城、精工、卡西欧等品牌手表。价格在1万日元左右的手表，性价比很高，值得购买。如果你的预算更多，当然可以买最好的款式。还有很多造型独特、做工精美的卡通手表，也很适合送给小朋友。

适合送礼对象：男朋友、女朋友、小朋友

NO.7 小电器、数码产品

日本人把"简洁"的美学取向也放在小电器、数码产品的设计上。所以，日本的数码产品不单质量好，造型也很漂亮。在东京，能买到最新上市的产品。街上的电器量贩随处可见，秋叶原的电器一条街更是选择多多。小到U盘，大到相机电脑，都是一份好礼。

送礼对象：男性朋友、朋友

NO.8 御守

"御守"就是指"护身符"，有风水御守、招运御守、安产御守、缘结御守、招财御守、吉祥御守等等。一般来说，在日本的寺庙、神社都有各式各样的御守。你可以多买几个，送给家人和朋友，表达自己的心意。

适合送礼对象：上司、同事、朋友、家人，总之所有人都适合

NO.9 丝袜

没错，就是丝袜！丝袜对女人是必需品，而且体积小便于携带，当然是好选择。而且，日本女人喜欢穿裙装，长筒袜是不可少的装备，所以日本厂商对长筒袜很有研究，经常作一些新开发。比如如何不容易破洞，如何显示腿部曲线美，如何缓解腿部和脚部的疲劳，冷天如何保暖，热天如何清凉等等，可谓名目繁多。许多欧美著名服装大品牌也推出长筒袜商品，其中很多都是只在日本限定出售的。

适合送礼对象：女性朋友

NO.10 泡澡粉末

你在日本享受了温泉，你的家人、朋友呢？好多人还没有去吧？这种泡澡粉末可以让他们在家里也能享受一下温泉的滋味。泡澡粉末虽然营造不出现场泡温泉的那种氛围，但也逼真地模拟了草津和箱根等有名温泉的味道、手感和滋养成分。

适合送礼对象：家人、朋友

旧货小摊

◇ 陆幸生 ◇

日本的神社，大大小小的，不少，有时候在大街上坐车，路边某处的树荫中，会隐隐掠过一个"木头框子"，也就是某神社的大门。如要追溯各个神社的源头，也各各不同，有的是家族性的，有的是地域性的，有的在"历史长河"中，冠以的名头还改来改去。日本神社，大抵给我一个与中国的祠堂很相似的感觉。祠堂，当然是属于族性的，也就是家族集体的；当然，最大的"集体"，就是国家级别的了。神社似无庙的感觉，因为不烧香。

神社处总是比较清洁的，后来也看懂了，大门口的那个很大的"空门"，中国称呼也就是牌坊。只是中国的牌坊，总是由各种雕刻挤得满满的，但日式牌坊就是几根柱子，横的竖的，搭建起来就是了。日式牌坊也不像中国的，有中间的大门，两边还有像对称的小门，它就是中间一个偌大的空间，供人通行。

走马观花似的走上一圈，准备离去了，突然发现，在神社外边的树丛空地上，居然摆有各式不同的小小地摊，各种毫不搭界的物件松松散散地摆放在地面上。原来，日本也有周末或周日的地摊旧货市场的。我曾去过美国的旧货市场，那几乎都是在室内，林林总总好大几个房间，日用五金、居家饰物，等等，无奇不有，而且经常会有赏心悦目的东西，猛然出现，于是就轮于你掏钱了。因为这些旧货的价格，比起外边的消费，要便宜得多；尤其是一些带有艺术装饰性质的家庭饰物。而且，略略连上艺术的边缘，这旧就比新娶有味道得多。

日本的旧货地摊，现在就摆在我们这些明天就要离开日本的人的眼前。一下子，这个"旅行小团体"顿时解体，各自奔着自己"看中"的东西，"跑"去了。

地摊上很多东西，我连个名字都叫不上，有一个圆形，画有脸谱的"球"，似是泥土做的，也可能是烧制过的陶土。这东西我在浅草的小店里见过，后来网上查阅，才知道这是日本的一个图腾。任何图腾的含义都是

作者简介

陆幸生，中国作家协会会员，上海作家协会理事，上海作家协会散文创作委员会副主任；上海文汇新民联合报业集团新民周刊高级记者。曾任上海作协《萌芽》杂志社编辑部主任，文汇报《独家采访》专刊主编，新民周刊编委、特稿部主任。作品《天下第一难》获中国潮优秀报告文学创作奖，编辑《鲲鹏展翅》、《永远是黎明》，两次获得中国优秀报告文学编辑奖。出版有《穿越沧桑》《世界是圆的——上海汽车工业30年》等报告文学集。2006年获得第六届上海长江韬奋新闻奖。

一样的，具有前人保佑后人的驱魔含义。中国菩萨已经很多了，外国的，就算了吧。我轻松走过。猛然看见一个黑熊脑袋的正面木雕，其脸部表情有些威武，但却没到达骇人的地步。各个部位的"零件"，雕刻得到位，很是逼真。两颗眼球是玻璃球制作的，非常突出。眼里有东西，这脚步就不由自主地跟了上去。这是一对老夫妇摆下的地摊，生意人的眼光准确，那位老年男士早已迎了上来。我拿起熊头，通过朋友问：这个多少价钱？老年男士立即答复：一万日元。

经过几天的日本游猎，我早已习惯将物品的价格除以100乘以7，得出这熊头即人民币700元。贵了吧？我摇头，通过朋友再问：能否便宜些？男士坚决性摇头，毫无一丝一毫的通融可能。我刚刚放下，身后同行的记者朋友过来，也许他早就瞄准了，我不要，他就准备要了。果然，他立即拿起来，仔细端详一番，他发问了：多少钱？也许是我摇过头了，老年男士不发话，而他的妻子，那位老年女士从后面急速地跑将上来，张口就答：3000日币。我简直不相信，这价格一降，就是三分之二，难道日本生意经就是这样阴晴不定，暴涨暴落的？

我猛然记起，这位朋友记者姓熊。我不由得暗暗叹息，看来这世界冥冥之中的"心有灵犀"，还真是有的。熊记者立刻掏出钱包，拿出3000日币，买下。后来他说了，他正在装修别墅，近期在捣腾家庭饰物，这熊头恰恰从天而降。我开玩笑说：这熊头可装在你别墅的大门上，下边放一块铭牌：熊宅。熊记者立即更正：不对，是"熊府"。更没有想到的是，在紧挨着的地摊上，还有一只木头熊。这只木头熊则是全身的了，比起头像来，刻工什么的要粗糙得多，但这是一头寓意非凡

67

的熊；这只熊呈站立姿势，却用自己的爪子逮住了一条鱼，还把这条鱼背在了自己背上。怎么样，古话讲，鱼与熊掌不可兼得，而这个雕像反其道而行之，将熊和鱼绑在一起，虽然熊是猎人，鱼是猎物，但是作为买主，那就是熊掌和鱼都可兼得了。这位熊姓记者，再次掏出钱包，立即买下。看来这个木头雕像要放在别墅的底层大厅里，以示吉祥了。

同行的一位女记者，买了一只木制的彩色公鸡，形态生动，也不贵，算下来是几百人民币的样子。这玩意儿在上海，价格大致要上千。大家都在寻寻觅觅的。

我见到了一只酒瓶，下边四四方方的，上面当然是圆柱形的瓶颈和瓶嘴了。酒瓶当然是用玻璃制作的，但外层包裹的是一层软软的皮革，被涂成深棕色。最引人注目的是，四方体的一面，突出一个人物形象，脖子上裹着层层花边似的饰物，一看就是近代欧洲风味，所对称的另一面，是两个姿态不同的人，都是骑士模样，一个好像是决心了要干什么，另一个则在劝阻。我从来也没有见过用皮革包裹起来的酒瓶，但觉得这个大头人物倒是有着几分熟悉。猛然想起，这熟悉的形象，不就是写下不朽名著《堂吉诃德》的西班牙作家塞万提斯吗？

我立即掏钱，买下。付钱同时，问卖家，这个瓶子到底是哪儿来的，有什么讲究？回答是讲不清楚。我倒是知道了，这个制作有塞万提斯头像的酒瓶子，必是来自西班牙，这点是肯定的。价格也不贵，算下来只有200人民币。我有个习惯，在国内或外国采访，都要买个当地的"东西"回家，不是什么贪图"增值"，而是为了日后起个提醒的作用，也就是我曾经到哪个地方、哪个国家去过，有此物为证。为达到这个目的，我还买了一个金属制作的日式舞蹈女俑，头戴斗笠，双肢伸展，外表是浅绿色的，整体呈现非常内敛的风姿。

还有一位同行的男记者，他是有点"考据"癖的，几次三番拿起又放下，到离开这个地方，他一样也没买。我们便"嘲笑"说，懂行的人，往往也就是空手而回的人。

归来路上，都说去小摊晚了，要是早去两天，那别的地方就都不用去了，而且，兜里的钱也一定已经用个精光了。

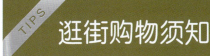

TIPS
逛街购物须知

百货商店晚上关门比较早

　　东京一般商店的营业时间，通常从早上10点到晚上8点。晚上关门的时间比国内要早，你要掌握好时间。部分大卖场等会延迟到晚上9点。

关于购物退税

　　在东京购物，要收消费总额5%的消费税（已包含在标价里）。规模较大的商场都有专门的退税点。当天在同一商场购买1万日元（有的商场并没有金额限制）以上商品，可凭发票和护照在商场办理退税。你在购物前可以先向售货员询问能否退税。东京也有一些专为游客服务的免税店。

利用储物柜

　　逛街东西太多提不了？可以利用储物柜。东京的大型车站内、百货公司或商场，通常都设有投币式的储物柜，你可以寄存东西。储物柜分大中小三种，是按天计费的（午夜到午夜），大约需要300至600日元不等。

PART **4**

东京

日式美食必尝!
不可错过十大特色小食
东京人排队也要吃的店
TIPS 吃饭省钱秘招!

滋味

　　日本人对美食的热爱和饮食上的讲究是出了名的，日式料理不仅注重食物原汁原味和搭配，也符合健康饮食的结构，在世界各地都受到欢迎。而东京集合了全日本的美味，到了东京，怎能不品尝一下正宗地道的日本料理？

日式美食必尝！

日本料理非常符合健康养生的理念：季节性强，味道鲜美，保持原味，清淡不腻，选料以海味和蔬菜为主；另一方面，日本料理又满足我们视觉审美上享受：做法精细，讲究色彩搭配，连盛放料理的器皿都十分美观雅致。日本料理堪称将饮食文化做到了极致。现在，就让我们马上开始一段美食之旅吧。

寿司

寿司又名"四喜饭"，在醋味小饭团上面，加入切小片的新鲜鱼贝类，也可以加入紫菜、黄瓜、

咸菜等。各类鱼虾生肉颜色不一，寿司也就呈现五颜六色的效果，最后放到古色古香的瓷盘中，可算是真正的"秀色可餐"。寿司花样纷呈，种类繁多，充分体现日本人的巧手妙思。

生鱼片

生鱼片在日语中写做"刺身"，堪称是日本料理的代表作。生鱼片的选料非常严格，以深海产的鱼类及其他海产品为主要原料，保证新鲜洁净。加工生鱼片的刀工也颇为讲究。在吃生鱼片时，佐以绿芥末、日本浓口酱油，一口下去，刹那的辛辣之后，留下是绵长的细腻清香。

铁板烧

在东京，如果有人请你吃铁板烧，那绝对是不低的礼遇！因为日式铁板烧必须选用最上乘的材料。相传铁板烧是西班牙人发明的，20世纪初传入日本，经改良后成为著名的日式铁板烧。将食材直接放在热铁板上炙烤，这些食材事先不能腌制加工，只在烧烤过程中加入盐、胡椒两种调味品，所以它对原材料的要求相当高。

荞麦面

营养丰富、食用便捷的荞麦面是日本人最喜爱的大众面食之一，以荞面为原料制作而成，可以做成热汤吃，也可以凉拌吃，冷荞麦面主要在夏季食用。

乌冬面

乌冬面是日本特色的面条之一，以小麦为原料制造，在粗细和长度方面都有特别的规定。乌冬在日本写成〝うどん〞，但是在比较有名一点的老字号，会写成另外两个汉字：馄饨。

拉面

拉面其实是由咱中国传入的，不过事事讲究的日本人却把它发展成了一种学问，甚至成为了日本的代表食物之一。在日本，拉面在各地都有其不同的地方风味。除了面条与配菜，汤头是重点。日本人吃东西大都默默进行，唯独在吃拉面时发出会〝稀里呼噜〞的声音，以表示对拉面美味的赞赏。

日式火锅

日式火锅是日本的传统饮食方式，讲究味美新鲜。火锅的种类有很多，其中最受欢迎的是牛肉火锅。以牛肉为主料，配以白菜、蘑菇、菠菜、大葱、豆芽及豆腐等。最后还有日本乌冬面，就着牛肉火锅的汤料食用，滋味浓厚。

日本烤肉

把切好的牛肉放在炭火上烤制，烤熟后蘸烤肉专用的酱汁食用，火候非常讲究。一般的日本烤肉套餐有牛里脊肉、牛排肉、口条、蔬菜、色拉、牛肉拌饭、朝鲜冷面、米饭等。高级烤肉店还提供入口即化的雪花牛肉如神户牛肉、松阪牛肉等高档牛肉，价格不菲。

天妇罗

　　天妇罗不是某个具体菜肴的名称，而是对油炸食品的总称。天妇罗是日式料理中少有的油炸食品，用面粉、鸡蛋与水和成浆，裹上新鲜的鱼虾和时令蔬菜，放入油锅炸成金黄色，吃时蘸上酱油和萝卜泥调成的汁，鲜嫩美味，香而不腻。

／ 特别介绍 //////////////////////////////

怀石料理

　　古时京都寺庙修行中的僧人，在戒规下清心少食，口味清淡，在饥饿难耐之时，将温暖的石头抱在怀中，以抵挡饥饿感，因此有了"怀石"一词。最早的怀石料理是茶道会前的清淡料理，传承"自然原味、简单清淡"的原意精髓，怀石料理讲究"不以香气诱人，更以神思为境"，在食材选择、用餐环境、器皿摆盘上追求一种禅意及气氛。

　　怀石料理发展到今天，成为了格调最为讲究的日本料理，无论是烹饪方法，还是摆盘方式，都极尽细致，如同艺术。怀石料理十分重视食材的新鲜，追求食材本身味道。所以，菜品中多采用精挑细选的时令食材。怀石料理每道菜的分量不多，但在食材与色调的搭配，食材的切法、装饰，以及器皿上却无处不在演绎日本文化的美感。

　　虽然怀石料理现在依然以简朴为主，但由于食材讲究，用餐环境的高雅，所以价格不菲。

居酒屋

　　店头上挂着写有店名的红灯笼，门口挂着门帘，掀开门帘走进去，里面热热闹闹，人们在屋里喝着酒，愉快地聊天……我们时常在日本的电影、电视剧里，看到这样的居酒屋场景。到了东京，你不妨也进去喝上一杯。合理实惠的价格，轻松愉快

的氛围，洋溢着浓浓的人情味。难怪上班族们在下了班后，一般都会到居酒屋里喝上一杯，放松心情再回家。在东京，无论是大规模的连锁居酒屋，还是个人的居酒屋，在装修和菜肴上都各具特色。坐在居酒屋内，叫上招牌菜，暖上一壶日本清酒小酌一番，那才叫不枉此行。

料亭

在日本，餐馆遍地都是，但是一种价格高昂、地点隐秘的料理店，却并不多见，这种餐厅就是所谓的料亭。与日本的其他高级餐馆相比，料亭的特殊之处在于能提供给客人绝对的隐秘。一般来说，料亭的整体面积都不太大，只有数个包间，基本上是传统的茶室构造，布置典雅，氛围高级。

料亭的历史可以追溯到17世纪初。那时左右政坛的幕府大将军，都会要求封建领主住在京城，以便加以控制。领主们为了互通声息、暗中勾结，常常派遣亲信，代表他们互相接头。为了避开敌人的耳目，这些密使大多会在隐秘的料亭里聚会。由于有这层特殊的历史渊源，久而久之，料亭便成为日本政治家、知名商人密谈的场所。

现在，料亭依然保持着神秘色彩，其服务对象一般为熟客和他带去的重要客户、朋友，这看上去多少有一点像欧美的会员制俱乐部。

日本的 "拉面" 文化

◇吴 俊◇

作者简介

吴俊，上海交通大学生物医学工程专业硕士。东京大学机器人控制专业博士，现任IT企业JUSTWARE股份公司董事长，主要从事计算机软件和互联网网站系统的开发。曾担任日本浦东开发协力会副会长，日本交大校友会副会长。最喜欢的美食就是 "拉面"。

到日本去旅游，有一种食物你一定得品尝一下，否则就不能算到过日本，那就是 "拉面"。

"拉面" 简单地讲，就是中国的面条，最早也是从中国流传过去的，但是经过日本人几百年来的改变和发展，现在的 "拉面" 和中国的面条已经完全不同。在中国，米饭和菜肴在饭店中出现，而由小麦制作的面条一般在饮食店中和其他点心一起出现。面条的吃法和米饭基本一样，面条部分就是米饭，而下饭的菜肴就是面条的 "浇头"。所以，在中国，面好吃不好吃都是取决于 "浇头"，从来不会听谁说哪家店的面条如何好吃，哪家店的面汤如何好喝。

但是，"拉面" 就完全不一样。在日本 "拉面" 是一种独立的饮食，日本全国各地有成千上万的 "拉面" 专门店，这些专门店只提供 "拉面" 主食，然后配备一些米饭，饺子和简单的菜肴。所以，吃 "拉面" 一定要到这些 "拉面" 专门店去，只有在那里才能品尝到真正的日本 "拉面"。

"拉面" 的所有组成部分都是非常讲究的，都是 "拉面" 店老板和职工经过无数次反复试验才研制出来的。所以 "拉面" 的制作方法都是保密的，有的是祖传秘方，有的是企业机密，制作方法的好坏往往就决定了 "拉面" 店是否能够生存下去。

在日本吃 "拉面"，首先是吃 "面条"。面条的好坏可以从面条的粗细，软硬，有无弹性，表面是否光滑，是否新鲜等方面来考察。由于面条的好坏是关键，所以很多 "拉面" 店都和面条生产厂合作，一起研制有自己特色的面条，并且每天直接从生产厂家进面条，以保证面条的新鲜度。

由于每个人对面条的粗细和软硬的爱好不一样，所以有的店在点面时会问客人要粗面还是细面，而很多店会问客人面要软一点还是硬一点，然后通过精确地掌握煮面的时间来控制面条的软硬。

记得有一次，我在"拉面"店点好面后，刚好在面端上来的时候，手机铃声响了。于是我到面外打了几分钟电话后回到座位时，店员立刻过来说，"对不起，这碗面不能吃了，给你重新煮一碗吧"，说完就把面端走处理掉了。为什么？因为面条在滚烫的面汤中泡了几分钟后已经"烂"掉了，对"拉面"店来说，给客人吃"烂糊面"是绝对不允许的。由此可见，"拉面"店对面条是多么讲究。

由于大多数客人喜欢表面很光滑的面条，所以日本的面条都被加工得很光滑。为了体现出面条的光滑度，所以有这样的说法，称在"拉面"店吃面时，允许发出"斯鲁斯鲁"的声音，这不是不文雅的表现，而是客人向店员表示这个面条非常滑溜，非常好吃的意思。

第二个讲究的就是"拉面"的汤。"拉面汤"的花头就更多了，每家"拉面"店都有其独特的制作方法。有的是以鱼虾海带等海鲜作为主要材料长时间煮成面汤，有的是以鸡骨猪骨作为主要材料长时间煮成面汤，有的是将它们混合在一起制作面汤。面汤的风味大致可以分为，酱油味、盐味、骨头汤味和面酱汤味。面汤随地区的不同而变化，北海道"拉面"一般以面酱汤为主，东京"拉面"一般都是酱油味或盐味，关西"拉面"的面汤以鱼类原料为主，比较清淡，而九州"拉面"则以骨头汤而闻名于世。

不过，不管是哪一种制作法，大多数面汤都是用天然食物加工制作而成，不放味精等化学调味料，也不放其他化学添加剂。所以，"拉面"店的老板都很辛苦，每天凌晨就要去店里准备材料制作面汤，以保证全天供应鲜美的面汤。

和面条一样，每个人的口味有所不同，所以有些"拉面"店在点面的同时，让你选择汤的浓稀、咸淡、油的多少，要不要加辣、加葱、加蒜等等，以保证各位客人都能够喝到适合于自己口味的汤。由于汤是用新鲜的鱼肉煮成的，凉下来了就不好喝了，为此，面汤一直是用火煮着的，以保持高温。所以，大冷天去吃一碗热呼呼的"拉面"绝对是一种享受。但是，由于日本人非常喜欢"拉面"，所以即使在高温的大热天，也有很多客人在"拉面"店中满头大汗地喝着面汤。

由于面汤是店员们辛辛苦苦煮出来的，也是评价"拉面"好吃不好吃的一个关键因素，所以客人应该将面汤全部喝完，以表示对"拉面"味道好的赞美。不过，现在大家都对健康比较重视，由于面汤中盐分和脂肪较多，所以不强求一定要全部喝完面汤，剩下一些也不是失礼的表现。吃完后说一声"go chi sou sa ma de shi ta!（好吃得很！）"就可以了。

最后是"拉面"的"浇头"。"浇头"相对比较简单，都是历史上传承下米的那些材料，几百年来没有太大的变化。主要的"浇头"有：叉烧或者红烧肉，煮鸡蛋，煮笋片，紫菜片，煮菠菜，煮豆芽，生大葱等蔬菜。这些"浇头"都是事先做好准备好的。由于面汤滚烫滚烫的，所以这些冷"浇头"放进去中和一下正好。叉烧或红烧肉和煮鸡蛋的制作也是很讲究的，一般都是自己制作，不买现成的，所以每家店的味道和口感都会有所不同。叉烧或红烧肉讲究的是酥和软，放到嘴里就化掉了。煮鸡蛋讲究的是火候，要煮到蛋黄半生不熟，半液体半固体的状态，这样吃以来口感最好。也有和中国的茶叶蛋相近的带味道的煮鸡蛋，但是，不是放在茶叶里面煮，而是放在酱油里面浸泡一段时间，这样的好处是蛋黄不会煮得太硬。

从以上的介绍可以看到，"拉面"在日本已经不仅仅是一种为了填饱肚子的食物，而是一种文化，一种艺术。"浇头"的颜色和形状给视觉带来美的享受，面汤的芳香和鲜美令嗅觉和味觉陶醉，而面条的柔软和滑润给嘴带来了一种奇妙的口感。日本的"拉面"专门店都是开放式厨房，每位厨师就像艺人一样在您的面前创造着一件件艺术品。他们那整齐的吶喊声和招呼声，配上他们那时而优美时而豪放的动作，就像一部奇妙的交响曲。所以，在日本吃"拉面"，不仅是一种五官（眼，鼻，嘴，舌和胃）的享受，更是一种精神享受。

（注：此文中照片由"拉面康龙"店提供）

不可错过
十大特色小食

　　在东京的街头小店甚至小摊上，你常常能遇到这些别具风味的人气小食，不妨品尝一下。它们都很有特点，深受日本当地人和游客喜爱。有的还能作为不错的礼物，你可以带回国内送人。

人形烧

　　听起来有一点点"恐怖"的名字，不过，它其实是美味的小饼哦。鸡蛋饼里包有馅料，做成人物或动物造型，馅料很多种，红豆，抹茶、奶油等等，随你选择自己喜欢的口味。

豆大福

　　一种甜点。将红豌豆揉进糯米皮中，里面包上豆沙馅。香甜软糯，吃起来十分可口，是甜食爱好者的心头至爱。

樱花麻糬

　　日本人赏樱时必吃的点心。麻糬中加上樱花汁，粉嫩嫩的，包在浸泡过的樱花叶中，散发出特殊的香味。

羊羹

　　不是用羊肉来熬制而成的羹哦，而是一种果冻状的点心，一般以红豆、栗子、番薯或绿茶作为材料，吃起来爽滑可口。

日式抹茶芝士饼

　　是一道非常好吃的甜点，冰皮包着芝士冻蛋糕，冰皮微微带韧劲，蛋糕入口即融，带着抹茶的清香。

最中

　　一种馅饼，据说这种点心是日本皇室赏月时必吃的点心，就像我们中秋吃月饼一样。最中有不同的形状，馅也有很多种类。

章鱼烧

　　就是我们所说的章鱼小丸子。面糊里加入章鱼、魔芋等材料煎烧而成，味道鲜香有嚼劲。比起国内，日本的章鱼烧因为章鱼新鲜而更美味。

关东煮

　　关东煮源于日本关东地区，通常将肉丸子、白萝卜、煮鸡蛋、炸豆腐、竹轮等放在鲤鱼汤里炖煮而成，可以当作小吃，也可以配饭。东京的街边小摊上，常有三五成群的人们站着在吃它。

好烧

　　小麦粉加上配料，如生菜、鱿鱼，在铁板上煎熟后，涂上甜味的味噌。日本关西人特别喜欢的一道小食。

亲子丼

　　这个不算茶点，不过名字创意实在可爱，值得推荐！"丼"在日本指的是盖饭。亲子丼里的"亲"指鸡肉，"子"则是鸡蛋。鸡肉和洋葱拌炒后，浇上蛋液，再盖在白米饭上。（如果你是无饭不欢的人，到了东京，看到这个"丼"字就放心地点吧，里面一定有米饭）

东京料理 视觉与味觉的双重享受

◇ 蔡 青 ◇

　　直到出发前，我的东京美食地图依然没有成形。然而当我走在了东京街头，当我在东京每一天都能吃得很满足时，我才意识到，在东京旅行根本不需要美食地图，因为这里的食物都值得去尝试；在东京吃饭预算不是最重要的，因为无论什么价位都可以找到满意的食物；在这里，美食没有贵贱之分。

　　日本的食物给人最鲜明的感觉就是新鲜和精致。因为其沿海的地理位置，日式料理的原材料一般以鱼类贝类等海鲜为主，除了生食之外，最常见的烹饪方式就是低温煮熟、清蒸等，因此日本料理的味道偏清淡，这倒也符合现在健康饮食的标准。除了食物的"味"，日式料理尤其重视食物的"色"和"形"。精美的装盘和搭配已经被看作日料的一部分，仿佛是一道专供眼睛欣赏的菜，让人品尝美食之余还目不暇接。这也正体现了日本注重细节的文化，要让每一个部分都达到和谐的美感，才能最终升华到完美的体现。

　　关于日本美食，之前听得最多的就是拉面、寿司等，这些在日本的街头随处可见。一般街边的拉面店都是自助式服务，将钱塞进拉面贩卖机后，选择需要的面食，再将机器吐出的小纸条交给店员，就可以

等着热腾腾的拉面上桌了。一碗普通拉面的价格约为500日币，折合人民币35元。这个价格其实和在上海吃碗日式拉面的价格差不多，但是在日本品尝的拉面肯定更加正宗了。东京街头的各种餐厅，无论是和式洋式，味道都很不错，价格也都比较实惠。但是，如果可以，尤其推荐品尝一下日本的传统京料理。

京料理，即京都料理，其中以怀石料理最为出名。在日本的期间，我有幸受邀在东京帝国饭店品尝了一次最高规格的怀石料理，至今依然念念不忘。旧时，日本僧侣坐禅时肚子饿了，不能进食，只能把石头弄暖抱在怀中，"怀石"以此得名。而今，"怀石"演变成了高级料理，也是宴请客人时正式的酒菜。一席怀石料理一般由数道菜肴组成。每道菜都是视觉与味觉的一场盛宴，没有主次之分，冷热相配，生熟相间，结合起来形成一个完美的结构体系，缺一不可。

帝国饭店的怀石料理正是如此。作为宴请国内外要人的美食，无论是在餐厅的服务、食物的味道和盛器的外观，都令人满意，除了称赞再找不到其他评价。帝国饭店的怀石料理套餐分为不同的档次，价格也相应不同。最低的规格约每人20000日币，折合人民币1500元，最高规格约每人40000日币，折合人民币3000元。这样的规格在上海也算是很高的，但是品尝下来却让人觉得物有所值。我们品尝的属于较高级别的宴席，共有八道菜组成。首先是冷的前菜，海胆豆腐，葱配牛肉以及拌海带，看起来是极其普通的食材，但是淋上特殊的酱汁，盛放在晶莹剔透的碗碟里，这些食物就立即绽放出与众不同的光芒。

第二道是鱼汤，吃过温冷的前菜，再喝上一口热乎乎的汤，暖流一下子融进胃里，也能更好地品尝到鱼肉的鲜美。等做好了事先的铺垫，品尝第三道生冷的刺身时，顿觉一阵清凉。配上鲜花与绿叶的刺身，显得色泽尤其艳丽，也说明了用料的新鲜。第四道菜是煮物，一片完整的鱼翅覆盖着厚实的鱼块，浓厚的汤汁满是两者的鲜美。这道菜将两种食材的特性分别提炼出来，两者相遇反而相得益彰。紧接着第五道菜，番茄蟹肉色拉，无论视觉还是味觉上都给人以清新甜美之口感。不同于传统日式料理，如今的怀石料理开始变得多元化，利用现有的食材与西方烹调技术相结合，同时保留自身特色，正是这种包容使得食材的口感更上一层楼。色拉之后，每人面前端上了一个镶着金边的木漆盒子，打开盒子，香气扑鼻而来，呈现在眼前的是冒着汁的牛肉，七分熟的肉刚好，鲜嫩可口又不会对胃造成太大压力。日本料理无论什么场合都会有米饭，怀石料理也不例外。牛肉之后，服务员小姐端着由石锅盛着的鱼肉饭上来了。在一番展示之后，服务员熟练地将饭拌开，不一会每个人面前都有了一小碗香喷喷的饭。和着海带丝和鱼肉，米饭显得格外地香，不知不觉一碗饭就见底了。最后是饭后水果，有甜瓜和香橙冻。每一道菜看起来都分量很少，但是吃罢才觉早就已吃饱，只不过眼睛和嘴巴对每一道菜都欲罢不能。

正当我对这顿高级料理回味无穷之际，某天中午我们巧遇了一家小小的京料理店。店面在一条步行街的侧面，很不起眼。从入口一扇小门进去，沿着楼梯往下走一层，没想到在这个地下一楼暗藏了一个小巧干净的餐厅。餐厅是夫妻老婆店，太太在外面招待客人，丈夫在开放式的厨房里准备食物。一共也就十来个座位的餐厅，却没有因为其规模小而疏于打理，整洁的摆设，毫无油腻感的桌椅地板，让我顿时对这家

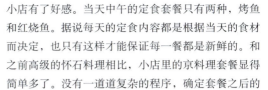

小店有了好感。当天中午的定食套餐只有两种，烤鱼和红烧鱼。据说每天的定食内容都是根据当天的食材而决定，也只有这样才能保证每一餐都是新鲜的。和之前高级的怀石料理相比，小店里的京料理套餐显得简单多了。没有一道道复杂的程序，确定套餐之后的片刻功夫，老板娘就端上了一个木质的托盘。米饭，烤鱼，味噌汤，各种小菜，茶水以及毛巾，样样不缺。烤鱼还滋滋地冒着油，几片萝卜干和小酱瓜被摆成了漂亮的姿态，托盘里的各种小碟小碗和食物衬托得刚刚好，色彩丰富又不落俗套。可见即便是家常的京料理，同样注重细节和品质。烤鱼有点甜滋滋的，一筷子下去可以按出汁水来。一筷子鱼配上一口饭，接着搅拌一下酱汤，热地喝上一口，再配点小菜，不一会碗碟便空空见底。没想到这份家常的京料理格外地美味，我品尝到的不是之前那一道道完美的组合，而是一份市井却温馨的传统料理。这样一份套餐的价格是1200日币，如今多是东京高级白领的午餐选择。虽然折合成人民币90元，还是略高于上海的一顿工作午餐，但是在上海绝对吃不到这样一份正宗的京料理。这份京料理融合了料理人情感和审美，用料讲究，算上这些附加值，就显得性价比很高了。

在东京，这两顿京料理给我留下了深刻的印象。相同的料理源头，价格却相差近30倍。但是价格的区别并没有影响食物在心中的分量。无论贵贱，京料理都牢牢抓住了自身的精髓，即情绪和感觉的延续。京料理不只是简单的一道道食物，更被赋予了意识形态和文化。品尝料理时会因为不同的食材、不同的器皿，而产生不同的心境。美感也好，美味也罢，不会随着料理的结束而结束，而是会延续，这便是京料理的本质。

今后在东京吃饭，不用太在意平均一顿饭要花多少钱了。无论餐饮预算是多少，在这里都能品尝到美味。因为所有料理都有一样的信念，要把美好的感觉带给每一位食客。

东京人排队
也要吃的店

东京人总是行色匆匆。但是，遇到了美食，也甘心停下脚步，花时间排队等候。所以，在东京，你常常会看到排队长龙：在不少小店的门口，人们安静地排着队。有时，排上一个小时，就只为吃到一个美味的饭团。这大概不仅是美食的诱惑，也是一种生活的情趣吧。

注：LO,Last Order,意为最后点餐时间。

追分团子

东京赫赫有名的老店，酱油风味团子是一绝。红豆沙、白豆沙馅的团子也很受欢迎。店里还有大福、羊羹等多种日式点心。这里从早到晚都是人潮涌动。

地址　东京都新宿区新宿3-1-22
电话　03-3351-0101

营业时间
10:00～20:30
喫茶 11:00～20:00
(LO 19:30)

古奈屋

这里的咖喱乌冬面很受追捧，辛香鲜辣中，加入牛奶的浓郁香味，每到进餐时间总是要排长龙等座。

地址　东京都港区东新桥1-8-2Caretta汐留地下一层
电话　03-5537-1881

营业时间
11:00～22:00
(LO 21:30)
日祝
11:00～20:00
(LO 19:30)

永坂更科布屋太兵卫

好长的店名，也是拥有悠久历史的老店。这家200年历史的荞麦面店一直坚持用北海道的荞麦粉制作面条，传统而执著的美味，在东京颇为知名。

地址　东京都港区麻布十番1-8-7
电话　03-3585-1676

空也

空也是一家传统的日本点心店，店面精致，有着极高的知名度，常常需要预约才能有位。"最中"是空也的招牌点心，略带焦味的外皮和清爽内馅的完美结合。

营业时间
周一～周五
10:00～17:00
周六10:00～16:00

地址　东京都中央区银座6-7-19

电话　03-3571-3304

狐狸屋

狐狸屋香气浓郁的牛肉饭堪称一绝，老板在店里不断搅动着锅里的牛肉，让食客闻着都胃口大开。这里的牛杂也是不可错过的有着传统江户风味的美食。

营业时间
周一至周五
7:00～13:30
周六7:00～13:30

地址　东京都中央区筑地4-9-12

电话　03-3545-3902

第八蛸华丸

很好吃的章鱼烧路边摊，特色是在章鱼烧上洒了咸葱花和甜味的美乃滋。这里每天排着长队，算是涩谷一景。

营业时间
12:00～21:00

地址　东京都涩谷区神宫前5-11-3

电话　03-3409-8787

Tonkatsumaiizuni

这里有最出名的炸猪排，黑猪肉外裹上自家制的面包粉油炸而成，香气浓郁。店里的炸猪排三明治是日本艺人的最爱小食。

营业时间
11:00～22:45
(LO 22:00)

地址　东京都涩谷区神宫前4-8-5

电话　0120-428-485(10:30～22:00)

大黑家

外观古香古色的大黑家，创立于1887年，它可是经营天妇罗的名店，这里的招牌是海老天丼，记得吃时浇上他家的秘制酱汁。

营业时间
11:10～20:30
(年中无休、
六·祝21:00)

地址　东京都台东区浅草1-38-10

电话　03-3844-1111(代表)　03-3844-2222
　　　卖店　03-3844-1212

浪花家总本店

地道的东京甜点鲷鱼烧，香浓的红豆搭配香酥的外皮。口感极佳。门口天天排长龙哦。

地址　东京都港区麻布十番1-8-14
电话　03-3583-4975

营业时间
11:00～20:00

金龙山浅草饼本铺

小小的红豆饼，穿越了几百年的历史！这家四百年的老店，把传统糕点的味道传承了下来。它家的炸红豆饼，香甜不腻，令人回味无穷。

地址　东京都台区东浅草2-3-1
电话　03-3841-9190

营业时间
8:30～17:30
(周三休息)

伊势屋

最出名的招牌是天盖料理，芝麻香和虾子的鲜味总是洋溢在小小的店堂内。古香古色的老木屋前，每到用餐时间都会排起长队。

地址　东京都台东区日本堤1-9-2
电话　03-3872-4886

营业时间
11:30～14:00
17:00～20:00
(周三休息)

大定

经营日本传统料理玉子烧的百年老店。其中只在每年秋季推出的松茸玉子烧拥有大批粉丝。

地址　东京都中央区筑地4-13-11
电话　03-3541-6964

营业时间
4:00～14:00
星期日·祝日
不定休（以筑地
市场休息为准）

SATO

用顶级的松坂牛肉制成的炸饼，香喷喷的味道，连媒体记者也常常赶来排队品尝。

地址　东京都武藏野市吉祥寺本町1-1-8
电话　0422-22-3130

营业时间
9:00～20:00
(年中无休)

Ozasa

历史悠久的和菓子老店。每天一开门，门前就会排起长龙，而且每人还限购5条羊羹。

地址　东京都武藏野市吉祥寺本町1-1-4
电话　0422-22-7230

营业时间
10:00～19:30
(周二休息)

——— 东京私旅实录 ———

一个上午的天堂
——记东京筑地海鲜市场
◇ 熊 能 ◇

作者简介

熊能，1952年出生于上海，《解放日报》记者。

逛东京，如果没去过筑地海鲜市场，那你亏大了。

不用问，一则亏猎奇：这个市场汇集着来自地球四大洋最多最新鲜的海产，如果它称自己是第二，那世上就没人敢称第一。

二则亏体验：东京的这个筑地海鲜市场，俗称"日本人的胃"，那你想想，为什么日本人的胃里要装那么多的鱼呀？装的又是什么样的鱼呢？如此浓烈的日本市井文化不去亲身体验，肯定亏了。

三则亏口福：这还用多说？如果你是长三角人士，赶紧咽口水吧！

那咱先说它的位置，筑地海鲜市场就在银座附近，往南步行十来分钟就到了。什么时候去好呢，这要看你想看啥了，想看水族馆里也没有的千奇百怪的鱼，那要赶早，天蒙蒙亮就要去。而你想实惠，连看带吃还要买，可以稍迟点，但不要迟过了中午，店家打烊了，大剧谢幕了。人说这里是天堂，老饕的天堂，全球美食家的天堂，但也只能是"一个上午的天堂"。

如果说筑地海鲜是东京的特色，那么爱吃海鲜便是日本的特色，这个仅占世界人口百分之二的国家，每年竟要吃掉全球六分之一的海鱼！日本人本来连牛都不吃（于心不忍），也不大吃羊，猪肉更不待见，独独地喜欢吃鱼。误打误撞，吃了千百年的鱼，到如今突然吃出了世上最先锋的健康食谱。闲话休提，咱还是说筑地海鲜市场，海鲜市场的所在地是东京湾的一部分，由填海而成，因此得名"筑地"，占地20多万平方米，分内外两个区域，简言之，内市场是批发，外市场是零售。想看内市场，就要赶早，清晨五点，随着一记钟声响起，内市场激动人心的鱼品拍卖便开始了。从最讲鲜度的海胆开始，然后是鲜金枪鱼，再是其他。为了卖个好价，那些主拍者个个是造势的达人，一会儿发布重大预告，一会儿手舞足蹈，一会儿

像念经般地快唱鱼品号码，撩得众买家血脉贲张应声四起，亢奋啊亢奋，几可与华尔街股市PK。你赶紧快看遍地的鱼，有那么多超级大的深海巨物，光是鱼头就要两个人才能挪动。更有趣要数那些不可名状的鱼，千奇百怪，一个个瞪着无辜的大眼睛，活像是外太空来的不明生物。价钱贵不贵呢？那要看是什么了，比如咱看到里面有"一头鲍"出售，就是一只重一斤以上的鲍，说实话，这么大的鲍谁见过，只是"爹的传说"吧。而更让我惊厥的是这里"一头鲍"价格，折合人民币才200来块，什么概念？白送一般。

出了内市场，就是最诱人的外市场了，这里的店铺从生猛海鲜、鱼丸肉饼一直到各路干货、腌鱼渍菜、调味辅料乃至烹调厨具……连绵一气四五百家。不过咱还是要直奔主题去——海鲜啊海鲜!

海鲜，鲜就是价值，鲜就是时效，筑地的鱼之"鲜"天下第一，其价值是以离开水面的小时计，否则这么火爆的市场为什么只开上午呢。当然，吃海鲜首推是刺身，金枪鱼、鰤鱼、三文鱼、北极贝、蟹籽、海胆等是担纲的主角，其中最常见的是金枪鱼，最昂贵的也是金枪鱼，大眼金枪的生鱼片比比皆是，而黑金枪就是极品了。

筑地的海鲜料理店挤挤挨挨、密密匝匝，实在叫人目不暇接。进了店里咱看那场景端的有趣，顾客就坐在料理师傅的对面，你要吃啥就指啥，当面做，你看他表演。一款最大众的套餐名叫"海鲜丼"，里面有金枪鱼、蟹籽、海蜇、海胆、鸡蛋、鱼卵和些许菜蔬外加一碗味噌汤，大约1000多日币吧，合人民币百元左右，同国内的价格差也不多，但那个"鲜度"却有云泥之别。在国内，日本料理店家附送的味噌汤我基本上是不吃的，感觉像肥皂水，但筑地的味噌超级无敌，尤其那生鱼片，鲜到了发甜，入口即溶即化，刹间叫你齿颊生香。

在这里尝海鲜也要有点思想准备的，名气越大的店，排的队伍就越长，起码刻把钟总归要等的。其中当首推"大和寿司"，恐怕要排个把钟头。它"招牌菜"是包括上等黑金枪鱼腹肉、野生鲷鱼、车虾等当日上选八种的寿司，一盘要价3000日元。贵是贵了点，乃此间老饕眼中的最爱。

而"寿司好总本店"，则是以最接近成本的价位作号召，一个单点寿司从50日元起价，到最高级的黑金枪、活鲍鱼等也不过350日元，而且至少有70多种可供选择，由此大大迎合了年轻消费者的荷包。据说该店"低价"的秘诀，乃店长大人天不亮坐镇筑地亲自抢购是也。相比之下，旁边"寿司清"的绝活，那就是开店开到半夜头。

"山本"是家很古旧的河豚店，50年前就在筑地开张了。这家店的烹制场面煞是好看，师傅站立在3米多高的梯子上，对着5米高的立体烤炉左右开弓，刷油、撒料、翻烤……足足要用100分钟才能将河豚烤成。说到这里咱插段趣事，筑地有家料理店，门口大书二字："烧豚"。我一看心一惊，不知此豚为何豚，河豚乎？海豚乎？如是"烧海豚"那就太那个那个什么了。不是没有可能的，前不久世界舆论还在猛烈围攻日本捕杀海豚之不义。海豚是整个海洋中最亲善人类的动物，每每冒九死鲨口救人，而你等却非要烧而食之，是何居心！翻译一听乐了："日语的'烧豚'，就是烧猪肉！"豚者，猪也？猛想起《论语》有言："阳虎欲见孔子，孔子不见，归孔子

豚。"就是送孔子一只烤乳猪啦。信然。

回头还是说筑地，这里吃生鱼片有些不成文的规矩，比如绝不允许吸烟，因为它会影响所有人的鼻窦和味蕾。还有，我们通常把芥末调和在酱油中，不过在筑地的料理店，老饕一般先将芥末涂在鱼片内面，再将侧边蘸酱油送入口中，如咱也这般地吃，那一定会让厨师的心情好上许多。筑地还有条吃新鲜生鱼片的"潜规则"，即品尝多种刺身时，应该"从淡到浓"，先食白肉鱼，再吃虾和贝类，最后吃红肉鱼，由轻到重的顺序，有助你将美味进行到底。

这便是活色生香的红尘情趣，咱再挑几样别致的说说？比如剁鲜吞拿鱼腩卷，软软绵绵，好像在吃棉花糖。海胆这东西看上去十二分的另类，但你期望值不能太高，它口感是淡淡的，似甜非咸，吃就吃它一个"怪"。其实生三文鱼子亦非等闲，夹点紫菜送进，当鱼子在口里粒粒地爆开，那一份的香哟，朵颐大快啦！

……

逛不完的天堂，写不尽的筑地，就凭咱匆匆一瞥，焉能道出筑地美味之万一？好吃的东东多了去了，到那里你千万不要装淑女，就敞开了胃袋痛快装吧——吃生海胆、吃生鱼卵、生吃保罗章鱼，吃秋葵、星鳗、秋刀，吃大栗蟹、松叶蟹、帝王蟹，吃鲑鱼、鲷鱼、松鱼、鲭鱼、鲱鱼、特罗鱼、佳吉鱼、夹竹鱼……吃吧吃吧不是罪，人生能得尝几回！

吃饭省钱秘招！

在东京，既有《米其林指南》推荐的一流高级餐厅，也有价廉物美的大众美食。只要找到地方，找对时间，就能吃得好又省！

◆ 这里有好吃的！

位于办公大楼的地下层、购物商场内的餐饮楼层、大车站地下商店街的餐厅和居酒屋内，你通常总能找到好吃的，价格也比较大众的美食。

◆ 回转寿司，好吃又便宜！

如果你喜欢吃寿司而预算又有限，回转寿司店是最佳选择。不少的回转寿司店推出100日元甚至价更低的寿司。

◆ 买店家关门前减价出售的便当

百货公司地下楼层或一般有卖熟食的超级市场，一般都会在晚上18:30至关门前的这段时间内，将食品减价促销，一个刚煮好不久的便当有时只卖原来一半的价格，相当超值。

◆ "屋台"拉面很不错

"屋台"指的是"路边摊"，一般在车站附近，有时也会有露天路边摊，出售拉面或关东煮等小吃，便宜量又大，而且也很干净。

◆ 买100元店的饮料

不少100元商店是有卖饮料的，虽然有些是已经冰冻成块的，但可以先买回来，放在酒店房间内让它慢慢解冻。这比在便利店或是自动售货机买要便宜很多。现在还有更便宜的99元店，你不妨进去多看看。日本的自来水可以直接喝，夏天时带上杯子喝自来水，是更省的方法。

　　密密麻麻的交通线路、地下迷宫般的换乘，常常让初到东京的游客感到眼花缭乱，十分头晕，其实，它并非想像中那么复杂。只要掌握一定诀窍，你就能轻松自如穿行，享受到东京交通的便利。来，让我们为你破解交通迷宫，不再迷失东京。

主要交通工具

JR ——————————————

　　是指由日本旅客铁道公司(Japan Railways)负责营运的列车铁路路线。JR列车依其行车速度分为新干线、特急、急行、快速、普通车等车种。各条路线上行驶的车辆颜色都不同，游客在东京最常坐的山手线为绿色，它行驶于东京市中心，呈环状绕东京的主要城区一周，连贯大部分旅游区域。所有的JR火车站内都有绿色窗口，你可以在那里索取一些旅游资料。

地铁 ——————————————

　　除了日本旅客铁道公司营运的JR线，东京还有许多由地方性企业经营的铁路。东京都内地铁系统主要由"东京Metro"公司和东京都经营。东京Metro包括银座线、丸之内线、日比谷线、东西线、千代田线、半藏门线、南北线、有乐町线。都营地铁（TOEI line）包括浅草线、三田线、新宿线和大江户线。

此外，还有在东京周边运营的小田急电铁、京王电铁、东急电铁等私人铁路。

公共巴士

一般行驶于JR线和地铁不到的地区，班次不多。站和站之间距离较短，可以欣赏街道风景。但最大缺点是会发生塞车现象，无法掌握时间，比较少为游客利用。要下车时，记得要先按"下车铃"。值得一提的是，日本是靠左行驶的国家，所以搭乘公共巴士时，要注意方向。票价：东京都营巴士收费成人200日元，私营巴士收费成人210日元。

长途巴士

通常是傍晚出发，早上到达，费用比飞机、新干线便宜，有直达青森、仙台、秋田、长野、名古屋、京都、大阪神户、广岛等城市和地区的长途巴士。

出租车

注意啦，东京的出租车非常贵！不信，给你看点数字：最初2公里的起步价为710日元，之后每行驶288米增加90日元。一旦遇到塞车，价格会更高。深夜22：00到凌晨5：00，要加收20%。东京市内道路有许多地方禁止U形回转，绕道而行又会使车费增加。

东京私旅实录

赤坂小街

◇ 陆幸生 ◇

　　东京小街，最多最多的宽度，也就是两辆小轿车将将够错车而过。就是这样的小街，静静隐藏在四车道，甚至六车道的大马路"一隅"，如果急匆匆地走过，也就永远忽略了。只是，这样的东京小街，正是日本"特色"，到了日本，不去小街，是一种游历的"损失"。

　　东京小街的楼都不甚高，因为日本是个多地震的国家，似有规定，盖房子不得超过多少楼层，否则就是违规。住在赤坂的旅店，门口就是"正式"大马路，两边是矮矮的高楼。楼面上悬有各种商店的霓虹灯招牌，除了日式建筑的异国特色，又特别洁净，其余与上海的一些街道也很相似。但是，从这些店面的大堂穿越而过，脚下便是小街了。

　　小街的路面，不是由沥青或是其他平平的建材筑成的，路面有些"凹凸不平"，似是一些几何形状的"水泥砖块"，组合成简略且细致的纹路，一直向前铺伸而去。走在上面，会情不自禁地想起老上海时候的"弹咯路"。结合周围地界的洁净而言，就是下雨，走在这小街上鞋子也是不会弄湿的，更没有沾泥的可能。中间是车行道，其实更多时候是人行道，最多有车过来，行人往边上略略一避就是了。两旁都有正式的人行道，也是"水泥砖块"铺成的，但与车道的纹路不同，往往还留有修补过的痕迹，显得倒也不很讲究，只一定是干干净净的。

　　车行道和人行道之间，隔有粗壮的圆柱体，以保证各不相扰。

　　小街两旁是"餐饮店"。这些餐饮店，其实是应该分成吃饭的店，以及居酒屋的。前者是附近楼里的白领中午解决午餐的地方，而后者，就是晚上下班之后的娱乐场所了。

　　引人瞩目的是，这些小店门口的样式以及它们的招牌，也就是"幌"吧，可堪称是一件件玲珑的艺术

　　漫步在东京的小街上，偶尔会有一种时空交错之感。快速变化、繁华炫目的东京，竟然可以有这样安然、古朴的小街道。赤坂曾是江户时期武士居住的区域，现在已经变成了旅馆与餐饮集中的地方。不过，这里的街道仍保留着某些江户风情——

品。有的店面非常洋气，临街的玻璃窗很大，风格简洁，很是欧化；更多的是木质的栏杆和大门，往往一色，颇显古朴和沉静。但不论是欧化的或古朴的店面，一定都挂有"幌"，而且一定是极其日本式的，不太大，且格调沉抑。

我们到达的当晚，去一家"黑乎乎"门面的酒家，喝酒吃饭。打开一扇黑色木门，里面是幽幽然的地灯，脚下是一块连着一块的石板，使得我们必须小心走路，生怕一不小心会"跌"出路面去。其实，石板四周铺有鹅卵石，水是一滴也没有的，总是感觉上不能掉下去。转了好几个弯，进得一间摆有饭桌（暂且这么称呼着），而下边又有让人伸脚的地方，这便解除了我们这些"膝盖弯不过来"的人的尴尬。

日式饭菜，首先上来肯定是刺身，也就是生鱼片。非常精致，伴以清酒，是一份美味。我在后来的一个早晨，特意去到小街拍照，再度来到这扇黑乎乎的木头的门口，仔细端详了一番。黑色的木质围墙上，挂有一块白色的菜肴广告，很有意思，上写黑色字体：水无月（似是这个店家的总称），水茄子、冬瓜、今日大壳、土锅，等等字样。

那天早晨信步而去，见到有意思的店面，就摁一下相机。一家拐角处的居酒屋，当然是关了门的，居然就是用拆除的老房子的木梁、木檩搭起来的，用我们的习惯说，就是也不刨平，更不抛光，就这样粗拉拉地钉在了临街的墙壁上。再用两只似乎是长方形铁锅的旧底，挂在上面，上面写上两个字：一点张，这就是店名了。旁边一扇小门，挂有一小牌子，上写：支度中。我这个"日语盲"，实在不知是什么意思，从时间判断，太早的早上，不像是个开门的样子。

也有稍稍豪迈型的，有红色店招，更有金属条状装饰物和木质底版，共同组合起来的墙面，既洋又土，只是店名非常雄壮：无双。只是那扇门倒是小小的，大块头是要侧身而进的。旁边一棵亭亭玉立的小树，绿叶白花十分雅致。有个店面上面写着：中国家庭菜——陈。我只能糊里糊涂地理解为，这是一个姓陈的人在东京开的小店。至于是以什么菜肴打牌子的呢？只见一块蓝色的幌，在更高处飘飘摇摇，上书三个大字：刀削

面。哦，原来是山西来的东洋店家。

也有让人看了微微发笑的店招，一家门面的四面挂有写有同样文字的幌：营业方针，最高级变革；下方画有四颗金色的五角星。最高级变革，这吃饭喝酒的，最高级还能变革到哪儿去呢？我辈真是不知道了。也有豪华的BAR，花花哨哨的招贴画不少，最大一块挂在二楼墙面上，上面就只有一个金色的繁体大字：灿。

由于语言的阻隔，总是不太懂那些有趣又好看的店招的意思，有一个店招，曰：松屋。想必进去，吃了他们的饭，人会非常放松的意思？还有"整体"。不懂，整体放松？

东京赤坂的小街，就是这样五光十色地，安安静静地铺展在白天的光照里。晚上，我们一行也曾来到此地，这里便成为了笙歌艳舞的世界。男士们都很神采奕奕地这个门出，那个门进。听说日本男士晚上是要喝了好几家的酒，才回自家去的。更有盛装或艳妆的女生，在小店门口站立，笑吟吟地与走过路过的男士说着话。有小轿车以最慢的速度，幽幽然地驶来，停下，又开走了。

听说，这里夜夜如是。到半夜十二点前，人潮渐渐散去。人们的灵魂回家了，明日还要去上班"打工"的。赤坂小街似锦、幽静，也喧哗不宁，是地道的日式风景。

地图+"一卡通"轻松出行

领取免费地图

东京的大小车站内都有免费的东京都内路线图、旅游生活情报等资料可领取。有地图在手，你会发现出行变得轻松简单。

"一卡通"方便换乘

东京的主要交通线除了JR和地铁，还有其他公司经营的轨道线路，如果起点跟终点站都属于同一家公司经营时，转乘换线比较方便，但如果分属不同路线系统时，一般情况下要走出检票口另买票后再进入其他线路的车站换乘。

为了省去每次换乘买票的麻烦，建议你买一张交通储值卡。SUICA和PASMO是日本的二种交通储值卡，功能接近国内的"一卡通"，无论是JR、地铁、巴士或是有轨电车都可以使用。PASMO和SUICA都是充值卡，可反复使用。在车站的售票处有卖。回国时，记得退卡，可退回押金和余额。另外，PASMO、SUICA还带有电子货币功能，可在部分商店及自动售货机上刷卡消费。

特别介绍 //////////////////////////////

小田急线

小田急线是一条连接日本最大交通枢纽新宿站和旅游胜地箱根、江之岛、镰仓的电车线路。全部是指定座位的"浪漫"号特快列车，为你提供最舒适的移动空间。而且你还可以自由换乘在箱根、

江之岛、镰仓区域内的交通工具。如果有效地利用能享受各种设施所提供的优惠服务的"小田急周游票"的话，你的旅途会更加便利和实惠。

　　如果你不清楚特快票和"小田急周游票"的购买方法的话，请到新宿站内的"小田急旅游服务中心"去咨询。

箱根小田急周游票

　　小田急线往返＋自由乘换〔①箱根登山铁路②箱根登山巴士（指定区间）　③箱根登山缆车　④箱根空中缆车　⑤箱根海贼观光船　⑥小田急箱根高速巴士（指定区间）　⑦沼津登山东海巴士（指定区间）〕＋设施优惠·费用折扣·运费折扣

费用列表（小田急线·新宿出发）

成人　5000日元　儿童　1500日元（2日内有效）

成人　5500日元　儿童　1750日元（3日内有效）

与通常费用比较的话请参照以下网站：

http://www.hakonenavi.jp/tanbou/waribiki/hakonefree.html#anc3

◇ 凭出示"箱根小田急周游票"可以享受优惠·费用折扣的设施有，从箱根汤本站有免费巴士接送的"箱根秋海棠园姬沙罗温泉"开始，到各种人气的温泉、美术馆、博物馆、公园和史迹等50个以上的旅游设施。

◇ 如果乘坐"浪漫"特快的话需要另外购买特急车票。

◇ 从新宿到小田原或是箱根汤本，成人单程票为870日元。

"浪漫"特快： 在全部指定座位的设有包厢式双座的特快列车上，你可以度过快速和舒适的移动时间。在宽阔的车厢内，"浪漫"特快乘务员还出售车内专卖的盒饭和土特产等，为你提供周到的服务。

（注：乘车时，除乘车票外还需要购买特急车票）

相关链接

箱根为日本最有名的旅游胜地之一。除以富士山、芦之湖和大涌谷为代表的自然景色之外，还有众多的温泉、美食、史迹和美术馆等，你可以根据自己的爱好决定旅游日程。住宿从现代化的酒店，到日本风味浓厚的传统旅店，种类繁多，一定能够满足你的需求。当然当天往返的箱根一日游也是可以的。

从东京新宿站乘坐小田急"浪漫"特快到箱根正门口（箱根汤本）只需85分钟。对从都内出发的游客，箱根作为一个交通非常便捷的旅游胜地，博得了众多的好评。

江之岛·镰仓小田急周游票

小田急线往返＋自由换乘〔江之电全线（藤泽—镰仓）＋小田急线（藤泽—片濑江之岛）〕＋设施优惠·费用折扣·运费折扣

费用列表（小田急线·新宿出发）
成人　1430日元　儿童　720日元　（1日有效）
与通常费用比较的话请参照以下网站：
http://www.odakyu.jp/ticket/couponpass/enoshima.html

◇　凭出示"江之岛·镰仓小田急周游票"可享受优惠·费用折扣的设施有大受欢迎的「江之岛展望灯台」「新江之岛水族馆」等、加上江之岛周边的设施、镰仓的寺院、史迹、西餐馆等，您可以享受16个设施的优惠。
◇　如果乘坐"浪漫"特快的话需要另外购买特急车票。
◇　从新宿到达藤泽或是片濑江之岛，成人单程为600日元。

相关链接

江之岛是让人流连忘返的旅游胜地。沿着海岸线，海滨沙滩、水族馆等地让你一年四季都能切身感受大海的魅力。在江之岛岛内，有江岛神社，展望灯塔等多处旅游场所，还可品尝美味的海鲜大餐，让你乐在其中。
镰仓拥有很多日本的传统寺院，边散步边享受风

格独特的街道风景。以镰仓大佛而闻名的高德院，从江之电长谷站步行十分多钟就可以到达。乘坐小田急线，除了从新宿直接乘坐到江之岛·镰仓的正门口"片濑江之岛"之外，还可以在途中的藤泽站换乘电车"江之电"。这样在驶往镰仓的途中，你可以享受从车窗眺望海岸线的乐趣。

小田急旅游服务中心

在新宿站内的小田急旅游服务中心，有会讲中文、英语和韩语的职员恭候你的到来。另外还出售箱根"小田急周游票"和"浪漫"特快票，还可为你提供预定宾馆和旅馆、兑换日元和各种咨询服务。

营 业 日：全年营业

营业时间：8点—18点

电　　话：+81-3-5321-7887

Ｆ Ａ Ｘ：+81-3-5321-7886

邮　　箱：welcome@odakyu-dentetsu.co.jp

Ｗ Ｅ Ｂ：www.odakyu.jp/sc/

可使用的信用卡：VISA、MasterCard、JCB、AMEX

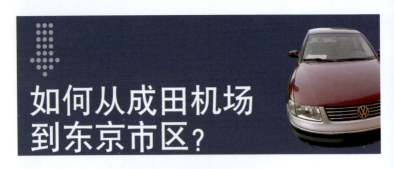

如何从成田机场 到东京市区？

　　一下飞机，心情雀跃：东京，我来了！等等，你现在还在位于千叶县的成田机场，离东京市区还有大概80公里哦。你还需要乘车前往东京市区。在机场很容易就能看到指向电车的标志，不用担心，指示牌上的汉字你都能看懂。

　　（1）搭这些列车可以到市区：

可选列车	到达车站	所需时间（分钟）	票 价（日元）	发车间隔
JR快速 Airport	东京	约90	1280	60分钟
	品川	约100	1460	60分钟
JR特快成田 Express	东京	约60	2940	30—60分钟
	新宿	约80	3110	30—60分钟
	池袋	约90	3110	1天12班次
	品川	约65	3110	30—60分钟
京成 Skyliner	京成上野	约40	2400	40分钟
	日暮里	约36	2400	40分钟
京成本线 特急	京成上野	约74	1000	40分钟
	日暮里	约70	1000	40分钟

（2）你还可以搭乘利木津（Lumousine Bus）巴士前往，其行车路线与下车地点很多，还会沿途经过很多酒店，对游客来说非常方便。

到达地区	所需时间（分钟）	票　价（日元）	经过酒店
东京车站	80—110	3000	丸之内酒店
新宿地区	80—100	3000	京王广场、世纪凯悦希尔顿等
池袋地区	约85	3000	大都会、太阳城王子酒店
九段、后东园	90	3000	四季、格兰皇宫、东京圆顶酒店
银座地区	90	3000	东京皇宫、帝国、东京第一、银座东武、东京公园等
赤坂地区	80—120	3000	国会东急、新大谷、赤坂王子、大仓全日空、格兰凯悦等
涩谷地区	85	3000	涩谷东急、蓝天高塔东急酒店
惠比寿地区	110	3000	威斯汀、品川王子、东京太平洋、品川地区、高轮王子樱塔、高轮王子等

（3）如果你不在乎多花钱，当然你也可以选择出租车，从机场到东京市区大约需要15000日元。

PART 6

看预算，选旅馆
TIPS 东京订房情报

东京

住宿

都说东京物价高，到了东京住哪才好？怎样才能订到合适的住处？一连串的问题从你脑子里跳出来。不用担心，东京可以说是一个"宾馆之城"，住宿种类很多，游客选择的余地也很大，你一定可以挑选到适合自己的住处。

看预算，选旅馆

大饭店(Hotels)　豪华！

住宿费：15000-50000日元

加入日本饭店协会的高级西式大饭店，其设施、位置、服务都可与欧美最好的大饭店媲美。西式大饭店的膳食以西菜为主，但有若干大饭店，特设日式餐室，好让旅客一尝日本菜的风味。有的还备有几个日式客房，甚至有景色悦目的日式庭园。这一类的饭店是众多住宿类型中最好的，而价钱相对也较高。（一人一天的房租如果超过10000日元时，要附加6％的税金，此外还要在帐单内附加10％的服务费）。

如果你想要住这一类的饭店，建议你出国前到旅行社购买"机票＋住宿"的优惠套票会比较划算。

商务酒店(Business Hotels) 实惠！

住宿费：6000-10000日元

商务酒店的房间一般都比较小，价格实惠。房间舒适简单，没有多余的装饰或设备，从而减低经营成本。这里只提供一些基本的服务设施，并以自动销售机来取代客房送餐。这类酒店以商务旅行的旅客为主要服务对象，所以多数房间是单人房，而且旅馆的所在地一般在闹市区，多半与车站的距离在15分钟左右。

日式旅馆（Ryokan） 异国风情！

住宿费：6000-20000日元

如果你想体验日式"榻榻米"的异国情调，你可以选择日式旅馆。日式旅馆里的榻榻米房间，布置精简，风味别具，设备也都很完善，服务也特别周到。白天不见寝具，入夜女服务员会替你备妥柔软舒适的被褥，一般会提供早餐晚膳。这类旅馆在房间的面积、客房服务、以及旅店设施和房费价格等方面，有很大的差异。在东京的高级豪华日式旅馆，房费价格约为35000日元左右。

民宿(Minshuku)　深度体验！

住宿费：4000-10000日元（一般包括早餐、晚餐两餐）

在日本旅游时另一种节省费用的方法是住"民宿"，也就是民办旅店，这也是深入了解日本日常生活的好机会。这种相当于客居型住宿的民办旅店是由居民办的，出借的房间也是主人自己的房间。在旅游胜地和度假地常可找到收费适当的民办旅店。在上野和浅草地区，也有一些家庭个体经营的家庭小旅馆，住宿费价格为每人4000日元左右。不过，在这类旅馆内，通常都没有设置单独的卫浴设备，你可以到公众浴场深入体验日本的"泡汤"文化哦。

日式旅馆和民宿多是和式布置，进门前要脱鞋换上拖鞋，在过道穿上拖鞋到客户门外后，将这些拖鞋留在客房外，赤脚或穿上袜子在榻榻米上走动。

泡汤之前，先换上房间内提供的浴衣（穿着方式是左襟盖在右襟之上），到了浴场更衣室才可脱下，走进浴池之前必须先用清水清洗身体，洗净后再进入浴池。日本的浴池是用于浸泡的，而不是用于擦洗的。浴池是朋友、家庭成员或甚至陌生人之间放松精神融洽交谈的理想场所。

你可以通过日本民宿协会（MINSHUKU ASSOCIATION OF JAPAN）帮你预订房间。
电话：03-3364-1855（英语热线）。
地址：京都新宿区西新宿7-3-10、21山京大厦403室

国际青年旅舍　背包客首选

住宿费：约3500-4000日元

对于喜欢到处行走的背包客而言，入住国际青年旅舍是很好的选择。除了价廉之外，在这里还可以交到不少外国朋友，交流到实用的旅游情报。国际青年旅舍遍布全球，在东京，目前有四家。尽管名称带有"青年"一词，但是对住宿青年旅舍的旅客并无年龄限制。

　　国际青年旅舍的房间有点像大学里的宿舍，上下铺每人一个床位。如果不习惯和其他陌生人同房，青年旅舍也有单人房和双人房，价格比单人床位要贵一些。

　　国际青年旅舍的会员卡全球可以通用，如果你是会员，能享受到一定的优惠价。国际青年旅舍常常客满，所以最好先预订房间。

有关会员卡的申请及房间预订，你可以先登陆"国际青年旅舍中国"网站先进行了解：http://www.yhachina.com/

胶囊旅馆 日本特有！

住宿费：约3000日元

　　这可是日本特有的"景观"。胶囊旅馆的外表与一般旅店并无两样，不过在旅馆的内部，每一层都被分割成上下两部分，每一部分设置10个左右的小房间，每个房间就像一个放大的滚筒洗衣机，因为空间狭小，所以房间被称作"胶囊"。胶囊旅馆原是日本加班文化的衍生品，上班族加班错过了末班车，出租车又太贵，价廉物美的胶囊旅馆就成了他们最好的选择。不过因为胶囊旅馆价格低廉且干净，现在也成了好奇心强、喜欢尝试新事物的旅行者的歇脚处。

　　要提醒你的是，"胶囊"里面通常不会超过2平方米，高度仅有1米3左右，人在里面无法站立，只能爬着进去。对于行李多且要在东京疯狂"血拼"的游客来说，这样的空间实在不够用啦。

TIPS 东京订房情报

　　在出发前，先预订好旅馆心里会比较踏实，尤其是在东京旅游旺季。国内有很多旅行网站提供代订酒店的服务。如果你想有更多选择，可以登陆到日本当地的一些订房网站。以下是日本国家旅游局的网上提供的有简体中文的订房网站：

Welcome Inn 订房中心网http://www.itcj.jp/chc/index.php
日本国际观光旅馆联盟http://www.ryokan.or.jp/cn/
JAPANiCAN: http://www.japanican.com/Simplified-Chinese/

　　如果你在东京想临时预订旅馆，可以到车站的观光服务中心请那里的工作人员帮你预约住宿，有时甚至还比自己预订的价钱还要便宜哦。在日本的每个城市小镇，火车站附近或火车站内的观光中心，通常也会有该地区的住宿情报。

东京私旅实录

低调东京

◇ 熊 能 ◇

　　日本是个谜。人类的这两三百年可谓天翻地覆沧桑巨变，然而除了产业革命策源地的欧美本土，全球竟只有一个国家，只有一个亚洲的日本，在巨变中跻身到了一流发达国家的行列。确是个谜。

　　本以为日本这个一流发达国家早已阔得通体锃亮，尤其首都东京更当是宝气珠光。但第一天当我来到下榻的东京赤坂那家宾馆，一时惊得晕晕糊糊——你也敢叫豪华四星级？先不说整栋建筑之其貌不扬，这四星级宾馆的一楼居然是个冷冷清清的便利小店，跑到二楼才见所谓"宾馆大堂"，且暗且旧还窄，最多算条"宽过道"吧。走进客房就更晕了，巴掌大的一块，总共不出8平方！它咋就敢叫"四星级"？记得上世纪80年代末，上海为全市宾馆定星级，血统显赫的和平饭店、声震遐迩的国际饭店、外滩地标的上海大厦，也只能领衔"三颗星"。回到上海咱特意上网查了查，东京这家叫"赤坂见附东急"的宾馆真还标"四星"，斗室也要美币一百三。在那里住了四天，我品"东洋四星"之个中三味，好像恍然有悟。斗室虽小倒也五脏俱全，悄无声息却是无微不至，其貌不扬然而品质高韬，就比如盥洗台上一排6瓶不同用途的洗漱液，那都是国际一线的名牌。然而人家"四星"的顶戴，却不惮桌椅已经褪色，无视瓷砖拼缝的粗粝，敲一敲隔墙乃空心夹板，瞅一瞅抽水马桶也是老旧的分体……不夸不饰、素面示人？觉着这"东洋四星"好像有那么一点吾国先民的道境禅意呢？尚简朴，不累俗，管它红尘万丈，我自抱朴归真，该好的尽其可能到位，能简的就大可不必矫饰了。这就是他们的"四星"理念吗？这就是日本的文化底色？不管咋说，我想"低调"总归不错的，先赞一个。

　　走笔至此，不由想起2002年5月赴美在东京的等候转机，我整整有5个小时无所事事只能东张西望。是年正值日韩世界杯，当天正是进16的那场鏖战，日本队黑马横空，举世皆惊。可万没有想到，偌大的成田机场里居然没有一条标语、没有一幅图像表示世界杯就在此地举行。候机大楼里的电视屏幕，只是间或闪过世界杯的镜头，日本人行止如常，该干啥干啥。本以为日本作为主办国会把世界杯的口红涂遍全列岛，不曾想竟低调如此。

东京是低调的，最先告诉我的便是扑面而来的城市建筑。依笔者之见，东京的街市楼宇比之上海，未见得更现代更出彩。我在几处制高点俯瞰东京全城，绝少见有"后现代"的光怪陆离，几乎全城建筑都属于同一个调子里或深或浅的灰。是恪守传统还是蓄意内敛？窃以为这大概是与其低调不出位、守序不另类的国民性格一脉相通吧。

那日清晨，我步出"四星级斗屋"闲逛，拐弯见一宅第有些异样，待看铭牌不由人不震："日本国参议院议长官邸"，更让我诧异的是，一墙之隔又是"日本国众议院议长官邸"。不知道日本人怎么想的，把上下两院的议长家硬放在一起，就不怕他俩交往过从？就不怕暗通款曲、上下其手而操控政局？又想日本人也不傻，这么布局总有政治智慧在里面吧，咱一游人只管开眼界。在这里真就开眼界——两议长的家位于东京"上只角"的赤坂，这里的街面纤尘不染，这里的华厦鳞次栉比，然而就是两位议长大人的家门前，一条百米长的沿街公共绿化带里，竟然长满没膝高的野草！那草啊，真正叫痴头怪脑疯长了。这事要搁在上海，有关部门说不定将被问责玩忽职守。日本人又是怎么想的呢？想让议长大人出门便怀草民之忧？抑或是又一种的"低调攻略"：野草有什么不好，让大都市添一分野趣岂不妙哉。还是那句话，咱一游人只管开眼界。

日本人大概是天下最爱上饭店的了，男人下班不先在外面喝两盅还会被老婆看不起。而东京随处可见的饭店，可谓"低调"至极：小小的铺面、素素的酒幡、旧旧的条桌，据说很少有人点菜会超过8盘的。如此真不似吾国上海的饭店，那是一家赛一家地豪气，流光溢彩精芒逼人。东京街头这多"小小、素素、旧旧"的饭店，当地叫居酒屋，尊卑皆往、老小通吃，听说丰田汽车掌门人丰田彰男也好这一口，时不时地同记者朋友挤在居酒屋里，把酒侃大山。就是有件事我一直没太明

白，那一日正晌午，我等一行8人走进东京银座的一家居酒屋，当时感觉还是蛮不错滴，古朴老拙，几分怀旧夹一缕幽郁的那种。就是小了点，总共只有9个位，很袖珍。我们的光临几等于包场了吧，可店主既没鞠躬也不哈腰，只嗫嗫地看着我们，还一脸纠结。不知翻译叽里咕噜说了些什么，半晌我们才算得以落座。何为？怕外国人不能懂他家独门烹调之精奥？怕我们鸠占鹊巢让老主顾扫兴它去？还是怕语言不通有损我等的"咪西"品质？翻译说，日本店主大多比较老实，很看重服务质量，有生意当然要做，但在他们眼里有许多东西比生意更重要。听说有家居酒屋烹饪极佳，誉满全日本，预约要等大半年的。可三代传下来，至今还是独此一家别无分店。传人道："只求做到最好，从没想过最大"。这又是一种日本式的"低调"吧？独上巅峰的低调。

你信不信——如果你有8两高粱的酒量，喝遍日本无敌手！有点夸张，但大体不差。都知道日本男人爱喝酒，咱们《三国志·倭人传》中就有记载说倭人"人性嗜酒"。可是，嗜酒的他们一沾高度酒马上会醉，这我们也是亲眼见了的，那个呕呀。日本只产低度的清酒，确实没有高度白干，好几位华侨告诉我，日本人特爱喝咱中国的茅台，因为他们自己生产不出优质烈酒。我有点存疑，丝绸是中国传过去的，后来人家搞得很精湛，咱只能出口白坯了；制瓷也是中国传过去的，后来人家又搞得很精湛，比CHINA风光了许多。这也算一桩趣事吧，日本嗜酒却就不产高度烈酒，究竟是"不愿"还是"不能"？是这个种群的体内天然缺乏耐醉因子？还是他们具有一种别样的隐忍？咱有许多日本研究会，要不研究研究？

那一日，有位日本退休高官的儿子与我们去吃饭，他突然想起什么事，匆匆走进一座破旧的小楼，我们也只好尾随。到门口一看，嚯——上面明明白白地写着"日本自民党总部"！大家知道的，这个党成立50多年，执政了日本半个世纪，出产首相几十位，是举世皆知的日本"第一大党"。就在这么座"破楼"里吗？！我怎么描绘好呢，还是打个比方吧，这座党总部的楼，就像是中国二线城市里的一个街道办事处。里面的状况又如何？我笔拙，搜尽脑库词条，只能用最直白的"破

旧"两字了。你想呀，这党总部小小的门厅里，竟还摆着大概是集会用的钢木条凳和旗杆之类的家什，是不是有点像咱文革时的战斗队队部？（稍雷稍雷失敬了。）唯一让我眼亮的是，小小的会议室墙上挂满了几十位日本首相的大头照，看来自民党是深以为荣的。而离会议室不远有扇小门，上书"总裁室"。地球人都知道，日本第一大党的总裁，与日本首相是"一只级别"，这就难怪我会有想法了：你看，又没警卫把守，何不推门进去握握手呢，再说几句一衣带水之类，再微笑合个影什么的。后来想想算了算了，人家低调，咱也不能跑调，是不是？

我们还去过三井不动产总部，它是日本最大的房地产开发商，享誉全球。我饶有兴趣地欣赏了这个建筑业"大哥大"总部的室内装潢，印象如下：端庄乃端庄，亦不失俭朴，基本靠"三夹板"是也。一国建筑业"大哥大"怎么没有"应该有"的富丽堂皇？我自忖，这是不是也传达了一种日本企业文化中的荣辱观呢？"知奢侈不逊之非礼"，以炫富为耻，以低调为荣。

上世纪末叶，日本泡沫经济大高涨，有人烧得不行，兴建起宏伟无比的东京市政府大楼。那日，一华侨驱车带我们去玩东京市政府，他径直将车开进了市府的地下车库，我好生奇怪，怎么一路没人出来阻拦呢？然后直接上到一楼市政府大厅，溜溜达达看野眼。我又纳闷了，怎么没人要咱登记呢？一进来我就看到，市政大厅里居然还有百货商摊，你说奇耶不奇？后来我们登上市府大楼50多层的观光台看景，登高远目，一览东京小，看看东面的太平洋，看看西面的富士山，游人如织，一派和谐。政府大楼如此开放，全然没有衙门的森然威势，低调得很可以嘛。

到东京，六本木这个地方最好去看一看的，那里是东京的城中新城，是日本"城市让生活更美好"的标本。那晚，有位日本广告公司的"代表取缔役"（百度解释：社长、总经理、副总经理）做东，请我们在六本木吃自助餐。正值周六，餐厅里人那个挤啊，好像世博会的沙特馆。我们宾主十来个，硬挤在平常四个人的餐位上，且耳边噪音无限。这地方怎么能请"外国来宾"吃饭？咱心下嘀咕。只见那"代表取缔役"，一会儿侧

身，一会儿躲闪，还忙不迭地为大家挪杯移盏。我们就聊了起来，一问吓死人，该广告公司年营业额1000亿日元，70个亿的人民币呐，这吨位，游到尼罗河也算绝对大鳄！可你看人家老总，鞠躬弯腰、殷勤有加，还能如此低调地和访者们挤作一团，咱又算开眼了。

老话讲，别人山上的石头是可以拿来为我磨玉的。出国旅游除了购买自己心仪的商品之外，咱也瞧一瞧人家的长处，那就长见识了嘛。比如时下的我们常说做人要低调，什么叫低调？东京之旅就让我有了点新感悟。低调并非是与世无争，恰恰相反，它表达的是一种勃勃生命的发力方向：去尽浮华魅惑，心无旁骛一意渴求"内在的极致品质"——从工作到生活，从黎明到子夜，从家电到汽车到日本料理到手头的一切活计。对了，说到日本料理你听说过"极致品质"的牛肉吗？就是世人传颂的日本神户牛肉，鲜美无比，入口即化。咋养的？别的不表单提一项，日本人每天是要为那牛做肌肉按摩的。吾国近年一些地方也神秘兮兮地吃起"神户牛肉"，有的是走私进来的，有的是"山寨版神户"，私下里一公斤卖到两千元了。我警方还专项打击过，某次缴获走私神户牛肉5.1公斤，搞得来好像海洛因。听说演员朱时茂在武汉开了家日本牛肉火锅店，名叫"熙园1号"，是国人按日本教材养的"神户牛"，每一小片，人民币40元。由此笔者强烈建议，若到东京游，牛肉火锅是一定要去吃的（生鸡蛋做蘸料的那种），每人大概150元人民币。最好去吃吃，旅游嘛开眼界，品一品新奇，尝一尝别致，顺便咱也能悟一悟比如"低调"问题。

东京
周
边
逛

领略了东京的大都市魅力，现在，让我们带你到东京周边逛逛。只要坐上两小时左右车程，离开东京市区，你会发现另一番旖旎的风光，一洗都市尘嚣，让你进入恬淡安适的心境。这种明丽空灵与东京都内的璀璨繁华，组合构成一幅奇妙的画卷，给你的旅行带来难忘的体验。

古都镰仓

镰仓是主宰日本历史的幕府根据地。它是神奈川县的一个沿海城镇，位于东京南部，从东京出发，不到一小时的车程，就可以来到这个风景宜人的古都。

"三步一宫五步一社"的镰仓，展现着古都的悠久历史。1192年，源赖朝选择镰仓作为新的军事政府所在地，创建幕府并开始武士政权，成为中世纪初期的政治中心。镰仓幕府统治日本超过一个世纪，除了幕府的建筑和武士们的宅邸外，还建有不少神社和寺院，曾繁荣一时。14世纪，随着幕府灭亡，镰仓渐渐衰落，直到江户时代作为游览地又得到了复兴。

今天，镰仓观光景点备受欢迎，也有说法称之为东日本的京都。除了静秘清幽的神社与寺院，镰仓夏日的沙滩也吸引着大量游客。

鹤冈八幡宫

鹤冈八幡宫是一座古神社，1063年由源赖朝设立幕府时作为源神氏守护神宫而建，神社里供奉着源氏的保护神——战神八幡。鹤冈八幡宫内有三个大鸟居，四周布满樱花树。樱花盛开的时节，这里人山人海。日本人也喜欢在这里举办传统的日式婚礼。以典型日本神社建筑式样营建的鹤冈八幡宫是日本目前重要的文化财产。

注：鸟居是日本神社建筑物，一般有两根支柱，上面有两个横梁，有时在上面会有题字的匾。一般用木材制造，刷上生漆。鸟居主要用以区分神域与人类所居住的世俗界，代表神域的入口，可以将它视为一种“门”，一跨进鸟居，表明来到了神域。

镰仓大佛

“打坐”于高德院内的镰仓大佛建造于13世纪，高13.34米，是日本第二大佛像。佛像散发出安定祥和之美，从不同的角度欣赏它，会发现它的表情有变化。游客可以进入到大佛的内部，静静欣赏穿越历史长河的历史遗迹。

圆觉寺

相传为中国著名的僧人所建。寺内供奉着镰仓最大的神。每到周六，会有很多的信众来参加寺内举行的坐禅会。

长谷寺

天平八年（736年）建造的一座古寺。寺内观音堂中供奉着日本最大的木造观音像。

从山上的见晴台上，可以看到镰仓的街景与大海。在樱花盛开的季节，景色尤其吸引人。

钱洗辨财天

位于源氏山公园源赖朝将军像的西侧。这里有一个传说：源赖朝将军得到托梦，用这里的水洗钱，用掉的钱会加倍回来。你不妨也试试运气。

湘南海岸

湘南海岸风光明媚，而且交通方便。每到夏天，这里就成了东京人最喜欢的冲浪胜地。喜欢冲浪的木村拓哉就在这里买有房子，说不定，你一个转身会撞上他哦。

如何前往镰仓

坐JR横须贺线列车：东京车站到镰仓车站约1个小时。JR也提供有镰仓江之岛自由车景，1970日元，包括东京到镰仓的往返旅行和在镰仓地区的不限时旅行。

TIPS

◇ 东京市区车站的观光服务中心，也有提供多种从东京都到周边短途旅行的路线和服务，像巴士导游一日游、附饭店跟导游的二日游等等。

◇ 在镰仓游玩，可以搭乘公共巴士。不过，镰仓的景点比较集中，可以步行或租赁自行车游玩镰仓。

东京私旅实录

湘南古意盎然

◇ 陈丹燕 ◇

作者简介

陈丹燕，著名作家，写作的形式主要是长篇小说和非虚构文学作品，关注青少年生活和上海城市变迁，并致力于旅行文学的创作。长篇小说《鱼和它的自行车》曾获得中国女性文学奖，非虚构作品《独生子女宣言》获得中国人口文化奖。长篇小说《一个女孩》（德译本：九生）曾获得由德国青少年评选的"金色书虫奖"，中篇小说集《女中学生三部曲》获得全国中学生评选的青少年作品金奖。

从东京站坐上横须贺线的火车，不到一个小时，即可以到达神奈川县的海边。在镰仓火车站转换一辆绿色古典的小火车，即可以在从镰仓到湘南海边古老的村镇中漫游。

时间突然从东京那种紧张的碎片状，还原成镰仓悠长的带状，似乎这是江户时代，镰仓成为东日本的游览胜地时，便保留下来的时间了。

在川端康成和夏目漱石的时代，这里可是东京作家的心头好：虽然住在都市，但求能在海风微拂的古老市镇上喝盅温热的清酒，目睹《万叶集》中的那些描写精微和式风光的俳句中的景象是如何纤毫不差地在眼前展现，梅雨季节，在成功院的缓坡上向浅蓝色的大海眺望，看着缓坡上六千多株紫阳花树是如何在海风中摇曳缀满绣球的沉重枝条，摇摇欲坠地怒放。如果去到镰仓城里的神社里，阳光斑驳的院落里，卖祈愿牌的小铺子也卖一百元一盏的本院新酿的自家梅子酒。在镰仓宫的凉亭里，总有个清爽的中年女子穿着和服，弹着古老的三弦曲子，这女子端坐在席上，肩膀一动不动，既温柔又凛然。凉亭外的游人，三三两两，只是垂头默立，或静静席地坐下。

在湘南沿海一带缓慢穿梭的绿色小火车，被

称为"江之岛电铁"。2010年的梅雨季节，它正在庆祝自1910年从极乐寺站运行以来，已工作了一百年。至今它仍旧是湘南一带最重要的交通工具。当它离开古老的镰仓火车站，一路向西，过了极乐寺后，就沿着海边走。那时，火车上的人便静了下来，不论穿校服的，穿和服的，还是穿简单的圆领汗衫的，都齐齐面向大海。他们大多是自江户时代以来，此间成为日本国人的游览胜地后传统的日本游客，以及本地做春游的学生们。此地少有像在东京浅草寺附近看到的汹涌外国游客，更少有像通往秋叶原的地铁车厢里挤满了的中国购物者，江之电车厢里的情形与东京非常不同。

人们齐齐面向能看见太平洋的窗子，大海缓慢地移动，好像人们正在经历的日常生活那样。

镰仓是日本武士的古都。小小一片沿海的市镇，坐落着数不清的禅寺。那些在朱红门楣上贴着白纸折子或者稻草璎珞的神社里，供奉着多不胜数的武士牌位，还有行将淹没的武士故事，那都是十二世纪的事了，血腥，黝黯，如今看来，自有一种哥特式的浪漫情怀在里面，这就是三岛由纪夫喜欢镰仓的理由。天夜下来后，游客渐渐离开，松树下的小石佛被罩上了通红的帽子和披风，好像准备

好露天过夜的云游僧。寺庙旁的坡顶上，第一颗星星稳稳地升了上来。夜晚的寺庙，四下黝黯宁静，妙本寺本是武士比企家族的旧宅。如今那平稳的大殿屋顶被星光照亮，清亮安稳，比企家族被北条灭族的那个夜晚，那六百七十多条性命竟没留下怨气，而是安息了。妙本寺的故事是：比企家族只有一个小男孩，在那夜的杀戮中逃进附近的山谷而存活下来。他投奔了佛门，成了和尚。日后，他将自己家的旧宅修成寺庙，终日念佛，超度冤魂。最后随着他死去，恩怨终于了断。武士们的禅，有对死亡的迷恋，对生的洁癖，对杀戮的热衷，还有对恩怨干净利落的了断。

武士的故事终究是无法像报国寺竹林里的一碗抹茶那样富有温润的古意，也无法像长谷寺紫阳花坡上的花朵那样充满小而精美的意趣，它是日本人精神中最幽深处藏着的精神。拜访在镰仓的禅寺，从瑞泉寺，到净智寺，到衫本寺，甚至在腰越海港坡上的那个小动神社，当然还有北条家留下的宝戒寺，总是在心中疑惑地想，在每个日本人的心底，大概都住着一个小小的武士吧。

从镰仓离开，许多人都希望买到当地的胶底黑布靴，古代忍者穿的一种鞋。满大街的年轻精壮黄包车夫们都穿着它们。

在段葛两边的古老铺子里，有两家值得好好品尝。一家是傍着一棵柳树的荞麦面馆，另一家是对面不远的渍物店。荞麦面热腾腾地上桌后，伙计也会带来一只热乎乎的小土陶壶给你，里面是热乎乎的面汤，这样朴素的原汤化原食，在中国的东北也曾有同样的习惯。人们沾着荞麦面的蘸料将面吃了，就将小壶里的面汤倒入剩下的蘸料里，蘸料里切细的大葱丝和紫菜丝便在面汤里浮了起来，深深浅浅的，还有点禅意。这碗荞麦面，让一个古老的，实实在在的，谦恭的世界重新回到胃里。另一家是古老的渍物店，蒜子、人参须、沙姜片、梅子、青菜心、各种菜蔬，当然还有清乌色的茄子，和明黄色的大根，无所不渍。最好吃的，都是新渍之物，那些店里的人不肯放在塑料袋里，不肯加冰，更不肯放入防腐剂的，所以只能站在店堂里浅浅尝上一口。这时，几乎想要做个镰仓人了。天天都能回家去熬一锅米粥，就着这些渍物，好好儿在泛滥着化学晶体的世界里安顿自己的肠胃。日本人真是充满矛盾的人，最为化学的味之素和这些敬畏天物的渍物，都是他们创造出来的。

湘南最好的时光，是下午六点钟之后。游客们随着在沿海国道上轰鸣不已的马达声离开了，夕阳在海洋的细波上晃动，晚风通常剧烈地横扫过海滩。洁净的日本小木屋子里，庭院里的石头灯亮

了，格子窗上的白色高丽纸被后面的灯光映照得一派雪亮，蓝色门面的罗森店将冰激凌的招牌靠在玻璃窗里面。这里的一切都静了下来。长谷镇火车站后面的一条小街上，半条街都能闻到金鱼烧店里传出来烘焙麦粉的淡淡香味。镰仓火车站附近的大巧寺，一棵繁花落尽的樱树下，一个女人默默吃着一份寿司便当，等待月亮升起。

这是一个寂静的地方。人们看到有人默默坐在本觉寺的台阶上，都会远远绕着走开，这里的人似乎非常理解，人有时候只想独自呆上一会。而这个"独自"，是有范围的。这种独处，一定要四周都寂静无人，才能实现。能体贴这无形的"独处"的范围，会远远地绕开的行人，他们拿着一只袋子，好像刚下班离开办公室，他们拎着一只超市的塑料袋，里面装着七点以后降价30%的新鲜水果和昂贵的蔬菜，他们带着一个孩子，刚刚从幼稚园里领回家来的孩子，沙沙地在寺院的沙地上经过了。想来，这些人也都是这样的独处者。

能在湘南度过一个独处的晚上，像江户时代的游客那样，而不必风驰电掣地赶回不夜城东京去，住回赤坂附近的旅馆里，整夜听着写字桌下的柜子里微型冰箱马达的嗡嗡声，可以说是浮生旅途中的一种幸运。

箱根：温泉之乡

泡温泉，观富士山，喝清酒，品怀石料理……你的视觉、味觉、触角，在箱根能享受到最纯正的日本风味。到了日本，箱根是不可错过的游览地！

箱根位于神奈川县西南部，距离东京不到100公里，搭乘列车只需两小时左右就能到达。四十万年前，这里曾是一处烟柱冲天、熔岩四溅的火山口，火山平息之后，使箱根形成山川流泉、湖泊等自然景观。现在的箱根到处翠峰环拱，溪流潺潺，远可观富士山雪顶，近可看满树锦簇樱花，一片"白云山间绕，清泉石上流"的如画景色。由于终年游客来来往往，络绎不绝，故箱根又享有"国立公园"之称。

箱根的温泉非常有名，著名的"箱根七汤"，就是这里七个被视为疗养胜地的温泉。

箱根的小酒馆，保留着"最日本"的特色，垂在店门上的酒旗、暖融融的灯笼，让走在异乡路上的游客不由得产生走进去喝一杯的冲动。小酒馆里一律只提供典型的日式酒——清酒。

而最惬意的是，春天的时候，泡在露天温泉里，水气氤氲，远处富士山隐约可见，身旁的樱花盛放，风吹过偶有落英，再把上一樽清酒……是怎样的一种享受！

芦之湖

碧波粼粼的芦之湖是火山湖，面积有7平方公里，最深处达45米，湖水清澈湛蓝。在晴天时泛舟湖上，还能看到终年积雪的富士山。淡青色湖水中倒映出富士山的景象被称为是"白扇倒悬东海天"（富士山的形状酷似倒悬的白扇），堪称箱根一绝。

箱根御关所

在芦之湖东岸，有一个江户幕府时代设置的关所，名为"箱根御关所"。这是古时联系江户与京都的东海道驿道上的一个关口，其当时的目的是为严格检查通行旅人。关口以东为"关东"，以西称"关西"。关所内还陈列着当时行人携带的身份证、短枪、长柄大刀等文物一千多件，还有关所检查人员的塑像。现已列为重点保护文物。

箱根神社

神社据说是在公元757年由奈良朝万卷和尚建成的。千余年来，都极受当地民众和武士阶级虔诚崇拜。该神社保存有许多文化遗产，其中，传说是在平安朝时代雕刻成的神社创设者万卷和尚的木刻坐像，被指定为"重要的文化财产"。

大涌谷

大涌谷是两千年来晨烟不绝的火山遗迹，高山半腰终日白烟缭绕，也是箱根的奇景之一。这里

山岩裸露，岩缝间喷出的地热使得谷内雾气腾腾，从地壳张开的裂缝里，喷出大量的硫磺蒸气，将泉水烧得滚烫，这里的温泉有85度，把鸡蛋扔进滚烫的泉水中，不需一会儿就会自然煮熟。在硫磺的作用下，白白的鸡蛋变成了乌黑油亮的黑鸡蛋，称为"黑玉子"。

大涌谷北望，可以看见富士山全貌。涌谷附近设有自然科学馆，通过各种实物、模型、幻灯等，生动地介绍了箱根的大自然景色。

如何前往箱根

◇ 乘坐小田急电铁。从东京新宿站到箱根—汤本站之间有直达线路，乘坐"Romance Car"特快列车需要85分钟，稍慢的快速列车（急行）需要2小时。小田急也提供箱根自由乘车券，包含从东京到箱根的往返票价以及在箱根指定列车、缆车、索道和巴士的不限次使用。

◇ 乘坐小田急箱根高速公路巴士，每30分钟有往返于东京新宿站和箱根—芦之湖地区的直达高速公路巴士。大约需要2小时。

TIPS

◇ 除了电车公司常有提供的优惠乘车券，很多旅游公司也会有"箱根交通+住宿+温泉旅馆"的套票服务。

◇ 箱根温泉旅馆的怀石料理值得品尝，食材新鲜美味，冬天去正好是吃螃蟹的季节。

东京私旅实录

有一种休闲叫汤浴
——在箱根町享受温泉

◇ 吴 毓 ◇

作 者 简 介

吴毓，女，自由撰稿人、上海作协会员。擅长随笔、散文、小小说。文笔清新、细腻、时尚、抒情的女性心情散文居多。曾在《新民晚报》、《新闻晚报》、《解放日报》、《劳动报》、《现代家庭》等报刊杂志发表过数千篇文章，相继出版过《七色雨露》、《七色梦》、《七色年华》三本散文集子。散文《花样美靴》被收编于全国散文精选《百年无废纸》书籍。小小说《创痛》、《四万美金》被收编于《微型小说佳作欣赏选》。爱好唱歌、旅游、写作、交友。

越洋远赴日本游玩，万万不能错过去富士山脚下的箱根町温泉泡个热澡。 位于神奈川县足柄下郡的箱根町是日本著名的温泉之乡、疗养胜地，箱根温泉包括箱根汤本温泉，强罗温泉，小涌谷温泉等，是箱根火山山麓至山腰处分布各类温泉街的总称。箱根温泉从1300年前便一直源源潺流于今，泉质清纯富饶，对神经痛，风湿病，妇科病，皮肤炎，肠胃病都疗效显著。从东京到箱根町交通方便，有专门一日往返直达车设施。我们这次到日本旅行还未出发之际，大家已经对箱根温泉这美妙的地方十分神往，不但能享受到温泉，还能看到远处的富士山。箱根一带曾是火山熔岩四溅的火山口，现在已是翠峰环绕、溪流潺潺,景色十分优美。

赴日第四天我们就去箱根体验温泉，大巴士绕着平整的山路，一弯又一弯，一路上星星点点的灯火掩映下，就是一个连一个的温泉吧。夜色已渐渐笼罩山崖，这里显得格外安宁清肃，不见人影，抛开了几日前充塞耳目的都市繁华喧嚣，诱惑香艳的五光十色，忽然有种脱尘遁世的感觉。半个多小时我们终于到了那幢不算大的白色旅店——富士山脚下的"金刀比罗@汤"。我们到来一下打破了这里的岑寂，简单的火锅料理打发了晚餐，我们回房换上了宽大素色如同睡衣的日式和服，径直来到温泉澡堂。这间并不算很大的简单澡堂，简洁到没有美化装饰品，几个水莲蓬，一个方水池，似乎其他都是多余。一个洁白的釉砖水池蓄满了茵绿绿的温水，雾气缭绕。澡堂仅我们一个团队七个女人。我冲净身子，跨进水池，42度的水温，有点烫皮肤，慢慢地浸入，让皮肤有了适应，最后仅浮着个脑袋。澡池两边由茶色玻璃隔断，黑夜的外界迷迷糊糊，若即若离。不一会温泉浸润中的身子，腾腾地

热燥起来，表皮潮红，汗珠一点点地渗出，情绪也跟着振奋起来，几个女人讨论着这池水是否真正火山岩的温泉，争讨后一致认为这肯定泉涌之水，因为池下一个很大的方口，温泉由这口里汩汩送出。

清润的澡水温暖，滑爽而体贴，我用手掌掬起一汪水，放在鼻下嗅嗅，这水带着山野的馨香，像草香，花香，植叶混合着阳光泥土和淡淡的硫磺气味，渗入鼻息又沁入了肺腑，带着充沛的氧离子，负离子。想起白天在大涌谷的熔岩滚滚的火焰口崖上，拿着从岩涧小池水里煮熟的热鸡蛋，吃得津津有味，心里仍是雀跃。这是流淌了1300年的温泉，水质定是超好，我掬起掌中水往脸面上泼了又洒。温泉不仅舒筋活血，去污洁身，更可以疗治病体。我们导游说：经常洗温泉可以减肥，是否当真。几个女人傻傻地享受在里屋的池水温暖中，一个女伴推开了一道玻璃门，嗨，外面还有温池呢！

室外温度摄氏12度，可能会冷，但有一种冲动让我借着冒汗的热身子，跟着冲了出去，急急地钻进了水池，水很热，不感觉冷。这是个用石块垒起的不规则水池，边角有一根水管急湍湍地从山上送入温泉，外围由不高的木栏栅隔隔着，空旷里有一股雾气，夹带着山气，地气，植被的浓郁气息。在这乡野的箱根泡温泉，只是单纯地为泡而泡，空间开阔了，剔除其他附属的繁缛，简单而纯粹得像牧师为孩儿净身一般，收敛神情，身心真正地清闲下来。我们与内心对白，与旷野对视。一份耐心和神定,让周围的所有统统饱览进视野。夜空蓝沉沉，很干净，像是刚出染的青幔。高眺，直立的松树指向空中，池边一围不知名的小树向我们表示着友好，让我们的裸身一点不感觉羞涩。没一丝风，一切都是那么静止，仿佛都睡着了，融入大自然的静谧中，分不出彼此，我的身子被泡着，仿佛灵魂也被泡着，身子被温暖着，心也被暖和着，所有旅途疲劳也融化进了一池温泉。

一只小飞蛾想来分享我们的乐趣，却一下跌落进水池，误了卿卿小命，我用手撩起了水将它拨出去。有种超越想像的悠然怡然，似乎土地山神都要羡慕几分了。木棚顶的灯光昏黄蒙蒙，仿佛催眠一样。"站在上帝面前我们都是平等的。"那么在这原野浴池中赤条条的我们都是平等的，没有高贵、贫富、智愚之分，水冲刷着我们，滤去的是糟粕和龌龊。想起国内的汤浴，熙熙攘攘中都市极致的享乐都集纳于那里，足疗，指压，美容，棋牌，歌舞秀等等，而箱根町溶入在乡野间的温泉那才是纯粹意义上的泡浴，把大自然的精纯和宁静都奉呈于你。

出浴后我宽衣走到屋外的平台，脚下的碎石发出"吱吱"的声响，没有他人，我和同伴坐在了一张长椅上。山野的深秋，黑夜中的一切静肃而幽远，恍惚中感觉神异，我被阵阵凉意裹围着，温暖夹加着凉爽，身子的灼热开始一点点降温，懒懒的松松的。周边有些纤小的红枫树羞羞答答还未绽放它的艳红，这是个暖秋，迟迟不冷，林子里枫树不尴不尬地半红不红，但这样的气候泡个露天温澡，真是太合时机太惬意的事，感觉中的惬意，是一种平日无法体验到的静宁，从内而外的。

回到屋内，懒懒地倒在榻榻米上，全身松散像脱了架似的，迷迷沌沌醒来已是清晨。下得楼来，游移的浮云中，高耸锋刃的富士山冒出了一点点尖顶，美极了，精神不由一振，富士山下我们又迎来了崭新的一日。

东京玩美路线 心水推荐

东京这么大，值得逛的地方如此多！想玩想吃想购物，而出行的时间，显得这么短！该如何安排行程，才能不错失东京的"精华"？东京当地旅行社特别推出了奢华东京经典游服务，除高级专车接送、中文导游、高级料理等服务之外，甚至还可以坐上直升飞机欣赏夜景哦。

日本奢华游

◇ 日本奢华游是个人（2名左右的少数人）去日本
　 的自主旅游，并不是以往的团队游和混搭旅游
◇ 在旅游途中不会有强制购物和其他限制活动
◇ 餐饮、宾馆完全可以根据个人的需求进行安排
　 （另外收费）
◇ 和廉价的旅游套餐不同，我们为您提供最奢华的
　 旅游服务
◇ 我们以安全·安心的旅游为宗旨，为您提供精
　 通中文的专业导游

最受欢迎的基本路线

东京　半日游A

◇ 每日出发　时间　9:00—13:00　各宾馆出发
东京塔　→　明治神宫　→　国会议事堂　→　皇宫　→
银座漫步（购物）
◇ 中文导游介绍
◇ 提供专用轿车
◇ 2人（Sedan轿车）
◇ 每人￥18,000—

东京　半日游B

◇ 每日出发　时间　14:00—18:00　各宾馆出发
浜离宫　→　隅田川观光船（日之出栈桥·浅草）　→
浅草观音·商业街观光　→　合羽桥（车窗参观）　→
上野　秋叶原（车窗）

◇ 中文导游介绍

◇ 提供专用轿车（合乘观光船）

◇ 2人（Sedan轿车）

◇ 每人￥21,500—

东京 尽兴的受欢迎路线

东京 一日游A

◇ 每日出发 时间 9:00—18:00 各宾馆出发

东京塔 → 明治神宫 → 国会议事堂 → 皇宫 → 银座漫步（购物） → 日式午餐 → 浜离宫 → 隅田川观光船（日之出栈桥 浅草） → 浅草观音商业街观光 → 合羽桥（车窗参观） → 上野 アメ横

◇ 中文导游介绍

◇ 提供专用轿车（合乘观光船）

◇ 2人（Sedan轿车）

◇ 每人￥35,800—

午餐为日式午餐，介绍游客感兴趣的饭店就餐（午餐费用另算）

东京 轻松游计划A

◇ 每日出发 时间 9:00—13:00 各宾馆出发

皇宫（二重桥） → 秋叶原（自由观光） → 浅草〈解散〉

◇ 中文导游介绍

◇ 提供专用轿车

◇ 2人（Sedan轿车）

◇ 每人￥13,800—

东京 轻松游计划B

◇ 每日出发 时间 9:00—13:00 各宾馆出发

台场（自由观光） →东京塔 →秋叶原（解散）

◇ 中文导游介绍

◇ 提供专用轿车

◇ 2人（Sedan轿车）

◇ 每人￥13,800—

东京夜景观赏路线

东京 轻松游计划C

◇ 每日出发　时间　19:00—22:00　各宾馆出发

宾馆出发　→　台场 观赏夜景　→　东京塔〔解散〕

◇ 中文导游介绍

◇ 提供专用轿车

◇ 2人（Sedan轿车）

◇ 每人￥12,500—

新计划　空中游览东京

东京　愉快旅游计划A（乘直升机观看夜景路线）

◇ 周一～周五出发　时间　黄昏—21:00　各宾馆出发

黄昏（根据日落时间决定出发时间）　→　在浦安乘直升机上观看夜色·空中美景20分钟

观光后回到宾馆

☆ 导游不搭乘直升机

☆ 暴风雨的天气有可能会停止此项目

◇ 中文导游介绍

◇ 提供专用轿车

◇ 2人（Sedan轿车）

◇ 每人￥26,800—

东京　愉快旅游计划B（直升机＋观光船）

◇ 周一～周五出发　时间　13:00—20:00　各宾馆出发

在浦安乘坐直升机空中游览20分钟　→　乘坐直升

机后，在日之出栈桥乘坐东京湾旅游船（西式自助晚餐）

游玩后回到宾馆

☆ 导游不搭乘直升机

☆ 暴风雨的天气有可能会停止此项目

◇ 中文导游介绍

◇ 提供专用轿车

◇ 2人（Sedan轿车）

◇ 每人￥38,800—

游览江户时代的街道　新计划

彻底探求东京浅草、江户和浮世绘

◇ 每周四出发　时间　10：00—19：30　各宾馆出发

浅草·雷门（观光）→ 商业街（观光）→ ROX（古代歌谣舞台欣赏）→ 步行传法院（观光）→ 浮世绘夜间欣赏 → 游玩后解散

◇ 中文导游介绍

◇ 提供专用轿车

◇ 2人（Sedan轿车）

◇ 每人￥29,800—

富士野生动物园大冒险

富士山（五合目）野生动物园一日游

◇ 每日出发　时间　8：00—19：00　各宾馆出发

从宾馆出发沿东名高速 → 富士山五合目 → 富士野生动物园（入场）→ 在御殿场温泉沐浴 → 沐浴后沿东名高速回到东京

◇ 中文导游介绍

◇ 提供专用轿车

◇ 2人（Sedan轿车）

◇ 每人￥46,800—

箱根周游和露天温泉

◇ 每日出发 时间 8:00—19:00 各宾馆出发
从宾馆出发途径东名高速 → 在芦之湖箱根町乘坐游船 → 在湖尻乘坐缆车进入大涌谷 → 小涌园温泉沐浴 → 沐浴后 → 经东名高速回到东京
◇ 中文导游介绍
◇ 提供专用轿车
◇ 2人（Sedan轿车）
◇ 每人￥57,800—

镰仓和横滨中华街

◇ 每日出发 时间 8:00—19:00 各宾馆出发
从宾馆出发到达镰仓 → 镰仓大佛 → 鹤冈八幡宫观光 → 横滨中华街（自由观光） → 经海湾大桥·首都高速返回东京
◇ 中文导游介绍
◇ 提供专用轿车
◇ 2人（Sedan轿车）
◇ 每人￥49,800—

古都镰仓和湘南江之岛

◇ 每日出发 时间 8:00—19:00 各宾馆出发
从宾馆出发到达镰仓 → 建长寺 → 鹤冈八幡宫观光 → 长谷观音·镰仓大佛 → 江之岛（自由观光） → 经海湾大桥·首都高速返回东京
◇ 中文导游介绍
◇ 提供专用轿车
◇ 2人（Sedan轿车）
◇ 每人￥49,800—

富士·箱根 二日游

◇ 每日出发 时间 8:00—19:00 各宾馆出发

第一天

从东京沿东名高速到达御殿场 → 在富士山五合目休息 → 富士野生动物园入场 → 游玩后到箱根温泉 → 在箱根住宿

（宾馆名为箱根宾馆 2人一间 无餐饮）
餐饮由导游在当地咨询游客意见后，再行预约。

第二天

在箱根芦之湖乘坐游船 → 在湖尻乘坐缆车进入大涌谷 → 御殿场商业街自由观光 → 沿东名高速返回东京

◇ 中文导游介绍
◇ 提供专用轿车
◇ 4人以上才能出发
◇ 箱根宾馆（2人一间 费用包含税收·服务费）
◇ 每人￥88,800—

京都·奈良 二日游

◇ 每日出发 时间 08:00—19:00 各宾馆出发

第一天

从东京乘坐新干线到京都 → （近铁线）再从京都到奈良 → 东大寺/奈良公园/兴福寺 → 游览后（近铁线）从奈良到京都

在京都住宿

（宾馆名为京都塔宾馆 2人一间 无餐饮）
餐饮由导游在当地咨询游客意见后，再行预约。

第二天

京都市内游

清水寺/八坂神社/金阁寺等 → 游览后乘坐新干线回到东京

◇ 中文导游介绍
◇ 提供专用轿车（新干线为普通车）
◇ 2人（Sedan轿车）
◇ 京都塔宾馆（2人一间 费用包含税收·服务费）
◇ 每人 ￥139,000—

日本交通㈱为您提供豪华舒适的租赁汽车服务。

以下为费用列表

（包括司机在内的专用车费用，不包括导游费用，高速道路 收费道路的费用。）

	中型 （4人乘坐）	大型 （4人乘坐）	超大型租赁车 （9人乘坐）	通行费
成田机场→都内宾馆 （单程）	￥32,000	￥38,000	￥38,000	另付
羽田机场→都内宾馆 （单程）	￥16,000	￥22,000	￥22,000	另付
羽田空港→成田空港 （单程）	￥32,000	￥43,000	￥43,000	另付
从都内宾馆出发4小时 租赁（都内）	￥22,000	￥28,000	￥28,000	另付
从都内宾馆出发9小时 租赁（都内）	￥48,000	￥59,000	￥59,000	另付
从都内宾馆出发1日 （10小时）租赁（镰仓·箱根）	￥70,000	￥75,000	￥75,000	另付
从都内宾馆出发1日 （12小时）租赁（镰仓·箱根）	￥75,000	￥86,000	￥86,000	另付

"东京奢华游"由旅游公司"TRAVEL NIPPON，INC."提供，联系方式如下：
地址：100—0006 东京都千代田区有乐町2—2—1
ラクチョウビル5F
TEL：03（3572）1461
FAX：03（3573）7733
也可以通过"日本自由行"网站(http://www.visit-japan.cn)进行预约。

自由安排・宾馆

	宾馆名称	房间等级（日元　包含税收・服务费）		
		双人	单人	三人
东京	东京帝国宾馆	￥38,800	￥35,800	￥45,200
东京	PENISIRA宾馆东京	￥54,800	￥54,800	￥64,800
东京	PRINCE PARK TOWER 王子公园塔酒店	￥23,500	￥22,000	￥28,800
东京	东京王子宾馆	￥15,200	￥14,800	￥24,500
东京	NEW OTANI宾馆	￥22,800	￥22,800	
东京	赤坂EXCEL宾馆东急	￥22,500	￥17,800	￥21,800
东京	京王广场宾馆	￥22,800	￥22,800	￥29,800
东京	SHIBA PARK宾馆	￥16,800	￥14,000	￥19,800
东京	新宿华盛顿宾馆	￥16,200	￥12,500	￥23,800
东京	品川王子宾馆（分馆）	￥15,800	￥14,800	
箱根	PALACE宾馆 箱根	￥26,700	￥21,800	￥38,800
箱根	箱根旅馆小涌园 （KOWAKI-EN）	￥26,800	￥25,500	￥36,800
箱根	温泉　富士屋宾馆 （包含早餐・中餐）	￥49,800	￥38,900	￥72,800
京都	京都OKURA宾馆	￥29,800	￥22,800	￥33,800
京都	RIHGA ROYAL宾馆京都	￥23,800	￥20,800	￥28,800
京都	VISTA宾馆京都	￥22,300	￥12,300	

安排翻译・专业导游

安排中文专业导游	中文导游			
	接机	4小时	8小时	每追加1小时
A级	￥7,000	￥16,000	￥27,000	￥3,500
B级	￥6,000	￥12,000	￥33,000	￥28,00

○来去的交通费用另算

马上就要去东京，兴奋中，是不是又带点忐忑？带上这一本"随身宝典"，你可以轻松搞定东京行，不必担心啦！再阅读一下我们为你特别收集的实用信息吧，让你更加心中有数，轻松出发，畅游东京！

签证办理 /////////////

　　申请办理赴日的签证之前，先了解申请签证的程序和所需要的材料，然后将材料提交到相应辖区内的日本使领馆，等候签发签证。申请签证的相关事宜可登录日本驻华大使馆的网站查询，（网址 http：//www.cn.emb-japan.go.jp/），或直接到相应辖区的日本使领馆咨询。如果你的护照有效期不满六个月，要先更换护照。

货币兑换 /////////////

　　在东京，通用的货币是日币。大的百货商店和部分药妆店能刷银行卡消费，但仍有很多地方不能使用银行卡。日本成田机场和东京的银行也有外币兑换的业务，但不及在国内方便，所以你最好尽可能在国内兑换好所需日币再出发。日本的纸币有1000日元、2000日元、5000日元、10000日元4种面额，硬币则有1日元、5日元、10日元、50日元、100日元、500日元6种。建议多换一些金黄色中心有圆孔的五元币，它在日本被称为"福币"，带有吉祥的含义。

拨打电话 /////////////

　　从日本打电话回国：

　　① 拨打方法：先拨日本的国际冠码001（或0041 0061）——拨86——拨国内区号，并去掉第一位0（如上海为020，就只拨20）——国内的电话号码。

　　② 东方导会员：现在加入东方导成为会员，就可以免费获得能在日本使用的手机一部，并且拨打中国国际电话只需要10日元/分钟（相当于0.8元/分钟）。有关东方导的详情可以参照附件，或请登录www.dongfangdao.com。

　　从国内打电话到日本：拨中国的国际冠码00——拨81——拨日本区号，并去掉第一位0——拨日本当地的电话号码。

手机使用：只有是WCDMA制式的手机到了日本才能继续使用（你手机是否是WCDMA制式可以咨询手机厂商的服务热线），如果手机不是此制式，你可到所在地的手机运营商营业厅租借手机（能使用你原来的号码）到东京使用。现在如果加入东方导成为会员，通过东方导官方网站预交200元的押金后，就能在各大旅行社领取到一部能在日本国内使用的手机。拨打中国国际电话只需要10日元／分钟（相当于0.8元／分钟）。如果您没有使用手机通话，押金会在您回国后全额退还给您。或者您也可以到达日本后在成田机场租用手机。

电压

日本的电压是110V，我国是220V，如果你带去的电吹风、相机充电器不是110—240V兼容的，你需要带上变压器。另外，日本的用电插座是双平脚插座，圆柱形和三平脚插头在日本无法使用，建议你事先买好转换插头。

重要电话号码

警察局110（免费）

火警、救护车119（免费）

警局英语热线350—10110

Japan Helpline 0120461997（专为外国人而设、24小时开通的紧急热线）

东京都外国人问讯处：03—53207766

中国驻日本大使馆领事部

地址：东京都港区元麻布3—4—33

电话：03—34033064

东方导官方网站www.dongfangdao.com

客服电话：03—5539—9221

电子邮箱：info@dongfangdao.com

东京私旅实录

友善提醒
—— 旅日必读 ——

◇ 蒋寿杭 ◇

作者简介

蒋寿杭，IT企业JUSTWARE股份公司市场部经理。曾当过兵，在上海市政府机关工作过。1989年去日留学，在东京的文化女子大学攻读服装设计专业。曾参加学校的时装表演队，自己设计制作流行时装在东京、台北、首尔巡回表演。也曾担任过著名钢琴演奏家李云迪旅日巡回演出的翻译。二十多年来在日生活，感触最深的是日本国民遵纪守法、讲究礼仪的好习惯。现在正在全力培养三岁小女儿的好习惯。

当你打算去日本旅游时，花上一点点时间，读完以下的友善提醒后，相信你的旅途会更加顺利，愉快。

在街道，商场，饭店等公共场所请不要大声讲话，不要站在道路的当中或者商店的门口等可能会妨碍他人行走的地方。过马路一定要看红绿灯，走人行道。在日本由于大家都遵守交通规则，所以驾驶员的警惕性较差，红灯穿马路是非常危险的。但是绿灯时是车子让人，所以你不必看是否有车，径直穿马路即可。

垃圾不可以随意乱扔。由于人行道上，商店中，厕所里，地铁车站里一般都没有垃圾箱，所以外出时请你不要忘了随身携带小塑料袋。垃圾放在塑料袋里，回到了宾馆后再把它处理掉。

上厕所时，如果没有空位的话，应该在外面排队等候。日本的手纸都是可以在水中溶化的，所以不要丢在垃圾桶内，应该直接丢入马桶。而女士的卫生用品应该丢入专用的垃圾桶。洗完手后不要将水洒满一地，应该用烘干机把手烘干。

日本很多地方是禁止吸烟的，包括在马路上和厕所中。比如，位于市中心的千代田区就实行全面禁烟，吸烟必须到指定的场所。一般商业街上，车站中都设有吸烟者专用的"小屋"。饭店和咖啡馆中都设有吸烟区和禁烟区，请注意不要坐错地方。

在你进入饭店时，有服务员为你做引导，如果服务员忙的时候，请你在门口两边稍等，不要自己随便找个地方坐下。作为一种免费服务，服务员都会首先送上一杯冰水（或茶水）。如果服务员没有给你递水的话，那就有可能是自助服务的，你可以找到放杯子的地方为自己倒一杯水。自助服务的时候，不要忘了将自己用完的餐具放到回收处哟。

点菜时要根据自己的胃口来点，不要剩下饭菜，在日本浪费是很失礼的行为。吃下的骨壳等不要放在桌子

上，要保持餐桌的干净。日本没有付小费的习惯，也没有叫"买单"在桌前结账的做法，都是自己拿着帐单去门口的收银台结帐。

等候电车时请站在黄线的内侧，电车到站后，请在电车门的两侧等候，先下后上。拥挤的时候不要站在车门口，尽量往中间移动。电车门上面都有LED显示下一站站名和哪一侧开门的信息，看到你要下去的车站名后，你可以边说"Sorry"边往开门的那侧移动。在电车上是禁止使用手机的，所以要将手机关掉或者放在振动模式。不要大声说话，听耳机时应将音量调小，不影响他人。就座时不要高跷"二郎腿"，影响他人站立。咳嗽或打喷嚏时应该用手绢捂住嘴巴和鼻子。老幼病残座，最好不要坐。如遇到老幼病残的客人时，请主动让座。

在东京都内乘公共汽车时，前门为上车专用，后门为下车专用。公共汽车上只有一名驾驶员，没有售票员，上车就付钱，所以请在上车前准备好买票的零钱，以免拿钱找钱耽误后面的乘客。在汽车前方上侧有LED显示下一站站名，看到你要下去的车站时，按座位旁边的按钮，告诉驾驶员你要下车。请在汽车停下来以后再起身下车。如果站在车门附近时，不要站在黄线以内，这样的话车门是不会打开的。

日本的出租车司机英文很好的不多，但是由于日文的汉字大多数和中文的一样，所以你如果事先用笔写下你想去的地方，上车后交给司机，可以省去很多麻烦。上车后一般尽量坐后排座位，如果坐前排时，不要忘了系保险带。日本的出租车司机一般不下车帮你搬行李，但是车门是自动开关的，请不要手动关门啊，那是帮倒忙。

乘电梯时，虽然没有"女士优先"的规定，但是还是应该相互谦让。先进入电梯的人应该按住"开"的按钮，直到最后一位进来之后再按"关"。出电梯时也一样，站在按钮处的人应该按住"开"的按钮，直到最后一位出去之后再出去。

乘自动扶梯时，不要两个人并排站立，应该一人一个台阶，靠左侧站立，以便他人可以在右侧通行。但是关西大阪的习惯正好相反，是靠右站立，所以不清楚的时候，可以模仿他人行动。在地铁车站等人多拥挤的地方，地上会写有行走方向的标志，请按标志的指示行走。

日本是一个很重礼仪，规矩也很多的国家。在各种不同的场所都有不同的规定和限制，这些都是为了给客人提供一个安全，舒适的环境。这些规定和限制都是用汉字或图标来表明的，你一看就知道是什么意思。下面列出了一些常用的图标，你知道它们的含义吗？

如果不知道的话，请赶快上网去查询哟。为了避免产生不必要的麻烦，请你每到一处首先看看周围有没有禁止图标！

/ 后 记 //////////////////////////

上海朝闻商务咨询有限公司董事长朱校佟先生一行与日本众议院议长横路孝弘合影

出访日本一行作者（由左至右）：时永刚、陈丹燕、周瑞金、曾思成、熊能、陆幸生、徐海林、蔡青

　　在本书的策划过程中，《马上去日本》的作者都前往东京实地考察，切身感受东京当地的文化旅游特色，细心揣摩，至使读者能够读到篇篇精彩的游记。我们也与上海积慧信息技术有限公司合作，整合了景点游览和旅游贴士部分；对于优惠券信息的提供，特别要感谢上海积慧信息技术有限公司和日本ジャストウェア株式会社（JUSTWARE CORPORATION）所付出的辛勤工作以及东京广大商家的鼎力支持！

　　我们要感谢本书的主编周瑞金先生、出访日本一行的作者以及出版社同志的辛勤工作！特别感谢日本的各位政府官员对本书的支持！感谢本书的合作单位：安欣信息网络（上海）有限公司、上海安欣企业管理有限公司、上海安欣保险代理有限公司、Plus Value株式会社、上海朝闻商务咨询有限公司。感谢读者的支持！希望大家一如既往地关心我们接下来所推出的"马上去"系列丛书。

上海朝闻商务咨询有限公司

ホテル大雪

酒店建造在大雪山国立公园内，"层云峡"温泉街的最高峰，外景一流。

住所：〒078-1701　北海道川上郡川上町字層雲峡　TEL：01658-5-3211

ホテル鹿の湯

从札幌坐车50分钟就到。是"定山溪"温泉的老铺旅馆。能享受到高质量的温泉和日本文化。让您的温泉旅行感到非常满足。

住所：〒061-2303　北海道札幌市南区定山溪温泉西3-32　TEL：011-598-2311

愛客旺秋葉原店

位于秋叶原黄金地带(中央大通)的面向中国顾客的电器免税店。有专业的中国职员热情地为顾客服务。是提出放心买东西宣言的优良店铺。

住所：千代田区外神田1-15-3
TEL：03-3253-4790

愛客旺名古屋店

位于名古屋市大须、万松寺商店街的面向海外的电器制品免税店。有很多可以在中国使用的商品。有专业的中国职员热情地为顾客服务。是提出放心买东西宣言的优良店铺。

住所：愛知県名古屋市中区大須3-25-25
TEL：052-249-8688

愛客秋葉原本店

位于秋叶原黄金地带(中央大通)的面向中国顾客的电器免税店。有专业的中国职员热情地为顾客服务。是提出放心买东西宣言的优良店铺。

住所：千代田区外神田1-12-1
TEL：03-5207-5027

愛客秋葉原2号店

位于秋叶原黄金地带(中央大通)的面向中国顾客的电器免税店。有专业的中国职员热情地为顾客服务。是提出放心买东西宣言的优良店铺。

住所：千代田区外神田1-10-5
TEL：03-5297-6191

优惠内容

- 夕食時、ワンドリンクサービス ※ビール（瓶or生）、焼酎、日本酒、ソフトドリンク

晚餐时，赠送饮料一杯 *啤酒（瓶装or生啤酒），烧酒，日本酒，清凉饮料

使用注意

- チェックイン時にクーポンをフロントへお渡しください。

办理投宿手续的时候请把优惠券交给柜台。

有効期至2011年12月31日

优惠内容

- 夕食時、お一人様に日本酒又はソフトドリンクサービス

晚餐时，每人赠送日本酒或清凉饮料1杯。

使用注意

- チェックイン時にクーポンをフロントへお渡しください。

办理投宿手续的时候请把优惠券交给柜台。

有効期至2011年12月31日

优惠内容

- クーポン券をお持ち頂いたお客様に限り表示価格より10％の値引きを致します。

持该优惠券购物，可享受10%优惠。

使用注意

- ①他のクーポンとの併用は出来ません。 ②一部除外商品がございます。詳しくは担当者にお訪ねください。

①不能跟其他优惠券并用。 ②部分商品除外。详细请咨询负责的工作人员。

无有效期

优惠内容

- クーポン券をお持ち頂いたお客様に限り表示価格より10％の値引きを致します。

持该优惠券购物，可享受10%优惠。

使用注意

- ①他のクーポンとの併用は出来ません。 ②一部除外商品がございます。詳しくは担当者にお訪ねください。

①不能跟其他优惠券并用。 ②部分商品除外。详细请咨询负责的工作人员。

无有效期

优惠内容

- クーポン券をお持ち頂いたお客様に限り表示価格より10％の値引きを致します。

持该优惠券购物，可享受10%优惠。

使用注意

- ①他のクーポンとの併用は出来ません。 ②一部除外商品がございます。詳しくは担当者にお訪ねください。

①不能跟其他优惠券并用。 ②部分商品除外。详细请咨询负责的工作人员。

无有效期

优惠内容

- クーポン券をお持ち頂いたお客様に限り表示価格より10％の値引きを致します。

持该优惠券购物，可享受10%优惠。

使用注意

- ①他のクーポンとの併用は出来ません。 ②一部除外商品がございます。詳しくは担当者にお訪ねください。

①不能跟其他优惠券并用。 ②部分商品除外。详细请咨询负责的工作人员。

无有效期

新橋台湾家庭料理
香味

　从"JR新桥站鸟森口"步行3分钟
就到。正宗的台湾家常料理店。菜单有
100多种菜。价格便宜味道好。务请光
临品味。

住所：東京都港区新橋3-16-19
TEL：03-3433-3375

銀座しゃぶしゃぶ
香味

　正宗台湾涮火锅专门店。肉（牛，
猪，羊，鸭）＋蔬菜＋海鲜。也有台湾
排骨饭，鲁肉饭，猪脚饭，牛筋饭，面
等。

住所：東京都中央区銀座5-8-16ナカヤ
ビルBF　TEL：03-3573-3540

浅草今半国際通り本店

　创业115周年的日式牛肉火锅老
铺。无微不至的服务为客人提供最好的
黑毛日本牛肉以及日本的传统味道。

住所：東京都台東区西浅草3-1-12
TEL：03-3841-1114

宝田無線電気㈱本店

　1946年创业。位于秋叶原的老牌
免税店。经验丰富的店员来为你服务。
请一定光临本店。

住所：東京都千代田区外神田1-14-7
TEL：03-3253-0101（代）

メルパルク横浜ホテル

　从羽田机场坐巴士30分钟到达。
观光景点徒步范围内，很方便。

住所：〒231-0023　神奈川県横浜市中
区山下町16　　TEL：03-5207-5027

箱根強羅ホテル パイプ
のけむりプラス

　到东京・横浜・富士山观光很方
便。作为日本屈指可数的温泉观光地常
年都很繁荣。

住所：〒250-0408　神奈川県足柄下郡
箱根町強羅1300-19　TEL：0460-86-0666

优惠内容

- 飲食代10％割引

10%优惠

使用注意

- 他クーポンとの併用不可

不可与其他优惠券并用

有効期至2011年10月31日

优惠内容

- 飲食代10％割引

10%优惠

使用注意

- 他クーポンとの併用不可

不可与其他优惠券并用

有効期至2011年10月31日

优惠内容

- ￥15,000以上お買い上げで日本製お土産進呈

购买金额￥15,000以上赠送日本制礼物

使用注意

- お一人様一個

每位顾客一个

有効期至2011年12月31日

优惠内容

- 浅草今半オリジナルグッズプレゼント（コースター、手ぬぐいなど）

赠送浅草今半特制礼物（杯垫，日本传统手帕等）

使用注意

- 1枚2名まで

2名顾客可以使用一张

有効期至2011年12月31日

优惠内容

- 1名様5％割引お土産券、夕食時生ビール1杯券

赠送一张95折礼品券，晚餐时生啤酒券（1杯）

使用注意

- 1泊1名様大人の方に限る

只限成年人住宿时使用

有効期至2011年8月31日

优惠内容

- 宿泊されたお客様、レストラン利用時10％OFF

住宿客人可享受餐厅10%优惠

使用注意

- レストラン利用時、クーポン券を提出

在餐馆使用时请出示优惠券

有効期至2011年11月30日

熱海温泉 南明ホテル

熱海 さくらや旅館

从热海车站徒步5分钟。正宗日式风格住宿。柏木板的露天浴池、还可以享受到该季节的食物。

住所：〒413-0019　静岡県熱海市咲見町8-3　　　　TEL：0557-81-6195

住所：〒413-0012　静岡県熱海市東海岸町9-11　TEL：0557-81-0345

熱海ホテル パイプのけむり

南熱海網代温泉 松風苑

从温暖的海岸到靠近山的温泉观光地。富士山、东京、横滨的观光都很便利。欧式的酒店风格。

从地下喷出的温泉有很高的美容皮肤的功能、也可以饮用、使用温泉水蒸制的龙虾更是让人赞不绝口。4000平方米的庭院里放映电影也很受欢迎。

住所：〒413-0034　静岡県熱海市西山町16-53　　　TEL：0557-86-1777

住所：〒413-0102　静岡県熱海市下多賀966　　　　TEL：0557-68-3151

レストラン春陽亭

本家 鮪屋

可以眺望美丽的海景、丰富的自然包围的1984年创建的小型法式餐厅。

以严格筛选而闻名的金枪鱼餐馆。特别是用金枪鱼头部脂肪多的部分烤制出的菜肴，在别的地方是品尝不到的。

住所：〒413-0001　静岡県熱海市泉大黒崎270-2　　　TEL：0557-80-0288

住所：〒413-0232　静岡県伊東市八幡野1069-4　　　TEL：0557-54-3088

优惠内容

● ご利用代金合計より1000円割引

入住即减1000日元

无有效期

优惠内容

● 夕食時、日本酒orソフトドリンク1本付

晚餐时，送日本酒or清凉饮料1瓶

使用注意

● ご予約の大人お一人様につき、どちらか1本付

每位预约的成年人，赠送其中一种

有效期至2011年12月31日

优惠内容

● 大人の方お一人様につき日本酒1合、又はソフトドリンク1杯

成年人可获赠每人1瓶日本酒，或清凉饮料1杯

使用注意

● チェックイン時にフロントでご提示ください。1グループ1枚でＯＫ。他クーポンとの併用不可

办理投宿手续的时候请把优惠券交给柜台。每组一张即可，不能与其他优惠并用。

有效期至2011年12月31日

优惠内容

● 1名様5%割引お土産券、生ビール1杯券

赠送一张95折礼品券及生啤酒券（1杯）

使用注意

● 1泊1名様、大人の方に限る

只限成年人住宿时使用

有效期至2011年8月31日

优惠内容

● ソフトドリンク1杯100円、又は小生ビール1杯200円で提供

清凉饮料优惠价1杯100日元，或小杯生啤酒优惠价1杯200日元

使用注意

● 1グループ1枚でＯＫ。オーダー時にご提示ください。他クーポン券と併用不可。

一组出示一张优惠券即可。点菜的时候请出示优惠券。不能与其他优惠并用。

无有效期

优惠内容

● フランス産ワインをグラスでサービス

送法国红酒一杯

使用注意

● 要予約。クーポンは入店時にご提示ください。他クーポンとの併用不可。

需提前预约。入店的时候出示优惠券。不能与其他优惠并用。

无有效期

本家 鮪屋 伊東駅 前店 すし茶家

是伊豆"稻取港"的交易人开的店。一流的寿司专职人员捏制的天然金枪鱼和当地生产的鱼。价格公道！

住所：〒414-0002　静岡県伊東市湯川
1-16-10　　　　　TEL：0557-35-5688

萬望亭

从非常便宜的盖饭到好评的石烧饭一应俱全，还有你可以慢慢享受日式料理和日式餐厅。

住所：〒413-0232　静岡県伊東市八幡
野539-20　　　　TEL：0557-54-1265

熱海秘宝館

住所：〒413-8626　静岡県熱海市和田
浜南町8-15　　TEL：0557-81-5800

アタミロープウェイ

3分钟的空中散步就可以到达热海的屈指可数的展望台。从山顶可以瞭望到从热海市街到太平洋。

住所：〒413-8626　静岡県熱海市和田
浜南町8-15　　TEL：0557-81-5800

熱海 来宮神社 おやすみ処

神社直接经营的休息兼土特产店。参拜的时候请一定光临。

住所：〒413-0034　静岡県熱海市西山
町43-1　　　　TEL：0557-82-2241

ホテルレジー ナ河口湖

全部客房都是面向富士山。带桑拿的温泉大浴场。室内温泉游泳馆齐全。

住所：〒401-0301　山梨県南都留郡富士
河口湖町船津5239-1　TEL：0555-20-9000

优惠内容

● 5%割引
优惠5%

使用注意

● ランチメニューには使えません。他クーポンとの併用不可。1グループ1枚でOK。クレジットカードとの併用不可。会計時にご提示ください。
午餐不能使用。不能与其他优惠并用。一组出示一张优惠券即可。信用卡结账时不能并用。结账的时候请出示。

无有效期

优惠内容

● ソフトドリンク1杯100円、又は小生ビール1杯200円で提供
清凉饮料优惠价1杯100日元，或小杯生啤酒优惠价1杯200日元

使用注意

● 1グループ1枚でOK。オーダー時にご提示ください。他クーポン券と併用不可。
一组出示一张优惠券即可。点菜的时候请出示优惠券。不能与其他优惠并用。

无有效期

优惠内容

● ロープウェイ往復50円割引
乘坐缆车往返时优惠50日元

使用注意

● クーポン券を窓口に提示
向窗口出示优惠券

无有效期

优惠内容

● 入館料100円割引
入馆费优惠100日元

使用注意

● クーポン券を窓口に提示
向窗口出示优惠券

无有效期

优惠内容

● 富士山のうまい水 お一人様一本プレゼント
送每人1瓶 "富士山のうまい水" 饮料水

使用注意

● 宿泊者対象
以投宿的顾客为对象

有效期至2011年12月31日

优惠内容

● 無料 梅茶券（1杯分）
梅茶免费券（1杯）

使用注意

● 混雑時、お待たせする事があります。商品は充分にご準備させて頂きますが、品切れの場合、代換品となる場合があります。
拥挤的时候，请您稍等片刻。商品的进货很充足，如果断货的情况下，提供替换商品。

有效期至2011年12月31日

ハーブガーデン 四季の香り

　　河口湖最大的香草西餐馆。从调味酱到调味汁都是手工制作。

住所：〒401-0301　山梨県南都留郡富士河口湖町船津1200-1　　TEL：0555-73-3338

ホテルアルファ京都

　　位于京都中心的酒店，位于京都观光便利的地区。设备也很齐全，欢迎光临。

住所：〒604-8006　京都府京都市中京区河原町通三条上ル西側　TEL：075-241-2000

嵐山温泉彩四季 の宿 花筏

　　位于岚山渡月桥的南部、可以尽情享受京都料理和岚山温泉的旅馆。

住所：〒616-0004　京都府京都市西京区嵐山中尾下町57　TEL：075-861-0228

天然温泉 癒しの湯・京料理 国際観光旅館　魚山園

　　享受四季应时的有趣的京都菜肴和住宿。民间艺术风格的建筑坐席。观看三千院的望月台。享受一边倾听小溪的潺潺水声一边泡露天澡的乐趣。

住所：〒601-1242　京都府京都市左京区大原来迎院町454　TEL：075-744-2321

天然温泉 癒しの湯・京料理 国際観光旅館　魚山園

　　享受四季应时的有趣的京都菜肴和住宿。民间艺术风格的建筑坐席。观看三千院的望月台。享受一边倾听小溪的潺潺水声一边泡露天澡的乐趣。

住所：〒601-1242　京都府京都市左京区大原来迎院町454　TEL：075-744-2321

ホテル クライ トン新大阪

　　在都市交通网功能集中的新大阪附近的地区，交通便利。所有房间都可以利用网络。

住所：〒532-0011　大阪府大阪市淀川区西中島2-13-32　TEL：06-6885-1211

优惠内容

● 宿泊者にホテルアルファ京都オリジナ
ル油取り紙をプレゼント！
凡住宿客人赠送本酒店特制吸油纸

使用注意

● 宿泊時にフロントにご提示ください
投宿登记时请交给柜台

有効期至2011年12月31日

优惠内容

● お食事された方に、自家製ハーブジュ
ース1杯プレゼント
用餐客人每人赠送1杯自家制药花果汁

有効期至2011年12月31日

优惠内容

● ウェルカムドリンク1杯無料
Welcome饮料1杯免费

使用注意

● フロントで提示してください。
请向柜台出示。

无有效期

优惠内容

● 食事・宿泊の方にお一人様1本ソフトド
リンクプレゼント
凡用餐，住宿的客人每人送清凉饮料1瓶

使用注意

● 2011年11月1日～2011年11月30日は使
用不可。食事プラン・宿泊プランとの併
用不可。ウーロン茶・オレンジジュース
・コーラに限る。
2011年11月1日～2011年11月30日不能使
用。用餐计划・投宿计划时不能并用。只限
饮用乌龙茶、橙汁、可口可乐。

有効期至2011年12月31日

优惠内容

● ご宿泊者にナチュラルミネラルウォー
ター（500ml）を1人1本プレゼント
住宿客人每人送天然矿泉水（500ml）1瓶

使用注意

● チェックイン時にご提示ください。
办理投宿手续的时候请出示

有効期至2011年12月31日

优惠内容

● お一人様3150円以上の食事で、オリジ
ナルあぶらとり紙プレゼント
每人用餐金额3150日元以上，赠送自家特
制吸油纸

无有效期

自由軒　難波本店

明治43年（1910年）创业，在大阪是历史最悠久的西餐馆。大阪美食的象征。

住所：〒542-0076　大阪府大阪市中央区難波3-1-34　TEL：06-6631-5564

道頓堀 神座 (KAMUKURA)千日前店

残留白菜的清脆口感和香醇浓汤的美味的拉面店。

住所：〒542-0071　大阪府大阪市中央区道頓堀1-7-3　TEL：06-6213-1238

づぼらや　道頓堀店

位于大阪的饮食中心，在道顿堀悬挂大型河豚灯笼的历史悠久的河豚餐饮店！

住所：〒542-0071　大阪府大阪市中央区道頓堀1-6-10　TEL：06-6211-0181

づぼらや　新世界本店

迎接创业90年的具有大阪代表性的河豚餐饮店。

住所：〒556-0002　大阪府大阪市浪速区惠美須東2-5-5　TEL：06-6633-5529

鉄板焼き　天山（TENZAN）

大受海外的顾客欢迎的铁板烧。给你提供安静的环境、合理的价格。

住所：〒531-0072　大阪府大阪市北区豊崎3-16-19　ラマダホテル大阪内B1　TEL：06-6372-8181

ダイニングカフェ　ヌクヌク

厨师长只使用日本产的蔬菜，45种种类丰富的自助餐，大受欢迎的厨师在眼前制作，有很受欢迎的厨师群专柜。

住所：〒531-0072　大阪府大阪市北区豊崎3-16-19　ラマダホテル大阪内1F　TEL：06-6372-8181

优惠内容

● トッピング煮たまごサービス
送煮鸡蛋

无有效期

优惠内容

● クーポン券持参のお客様にコールスロ
ーサラダをサービス（複数可）
持优惠券来店客人赠送生拌卷心菜色拉（可
多份）

使用注意

● クーポンのサービスを受けられる方は
必ず料理を注文してください。
点菜时可使用优惠券。

无有效期

优惠内容

● 弁天コース（5250円）以上利用で、ワ
ンドリンクサービス
购买弁天套餐（5250日元以上）的客人，送
饮料1杯

使用注意

● オーダー時に紙面提示
点菜的时候出示优惠券

有效期至2011年12月31日

优惠内容

● 弁天コース（5250円）以上利用で、ワ
ンドリンクサービス
购买弁天套餐（5250日元以上）的客人，送
饮料1杯

使用注意

● オーダー時に紙面提示
点菜的时候出示优惠券

有效期至2011年12月31日

优惠内容

● ディナータイムのみ10%OFF
晚餐优惠10%

使用注意

● 除外日は、12月18日～12月25日、1月
1日～1月3日となります。要予約。他クー
ポンと併用不可。
12月18日～12月25日、1月1日～1月3日除
外。需提前预约不能和其他优惠券并用。

有效期至2011年12月31日

优惠内容

● ディナータイムのみ10%OFF
晚餐优惠10%

使用注意

● 除外日は、12月18日～12月25日、1月
1日～1月3日となります。要予約。他クー
ポンと併用不可。
12月18日～12月25日、1月1日～1月3日除
外。需提前预约不能和其他优惠券并用。

有效期至2011年12月31日

豆助　南船場

由日本大阪的专职美味烹饪厨师制作。大受女性欢迎的餐厅！心斎橋旁边的好地段。

住所：〒541-0059　大阪府大阪市中央区博劳町3-6-15　TEL：06-6282-5181

宗右衛門町　鍋茶屋

日式茶座风格的单间，严格筛选的火锅和日式牛肉火锅的肉食菜肴，3500日元～

住所：〒542-0084　大阪府大阪市中央区宗右衛門町3-12　TEL：06-6212-0123

しゃぶ扇　三宮店

大约20种蔬菜自助的火锅店。中午920日元，晚上1450日元。

住所：〒651-0096　兵庫県神戸市中央区雲井通6-1-15　ダイエー三宮駅前店9F　TEL：078-242-6206

軽井沢ホテル　パイプのけむり

展现在浅間山的山脚下日本屈指可数的避暑胜地・轻井泽。凉爽的夏风；非常的热闹。欧式酒店。

住所：〒389-0111　長野県北佐久郡軽井沢町長倉1876-2　TEL：0267-45-5555

白樺湖ホテル　パイプのけむり

位于日本的中央位置，酒店周围有美丽的湖畔。沿着海拔2000米以上的维纳斯线，跑步的话会很爽快！

住所：〒391-0301　長野県茅野市北山3418-1　TEL：0266-68-2000

白馬ホテル　パイプのけむり

享有日本屋脊的3000m高的北阿尔卑斯山脉上的登山运动欧式酒店。冬天可以尽情享受滑雪的乐趣！

住所：〒399-9301　長野県北安曇郡白馬村北城4403-2　TEL：0261-72-5555

优惠内容

● ドリンク無料

饮料免费

使用注意

● セット料理ご注文のお客様に限り、ドリンク2時間無料（料理人数分）

只限点套餐的顾客，饮料2个小时内免费

有効期至2011年12月31日

优惠内容

● 料理代金の20%OFF

用餐费（不含饮料）优惠20%

使用注意

● コース、飲み物での使用不可。割引上限額3000円まで。他クーポンと併用不可。

套餐、饮料不能使用。优惠上限额至3000日元为止，不能和其他优惠并用。

有効期至2011年11月30日

优惠内容

● 1名様5%割引お土産券、夕食時生ビール1杯券

赠送一张95折礼品券，晚餐时生啤酒券（1杯）

使用注意

● 1泊1名様大人の方に限る

只限成年人入住宿时使用

有効期至2011年8月31日

优惠内容

● ソフトドリンク1杯無料

免费清凉饮料1杯

使用注意

● オーダー時に提示。他クーポン券と併用不可。1枚につき1日限り。

点菜时出示。和别的优惠券不能并用。一天只能使用一张。

有効期至2011年12月31日

优惠内容

● 1名様5%割引お土産券、夕食時生ビール1杯券

赠送一张95折礼品券，晚餐时生啤酒券（1杯）

使用注意

● 1泊1名様大人の方に限る

只限成年人入住宿时使用

有効期至2011年8月31日

优惠内容

● 1名様5%割引お土産券、夕食時生ビール1杯券

赠送一张95折礼品券，晚餐时生啤酒券（1杯）

使用注意

● 1泊1名様大人の方に限る

只限成年人入住宿时使用

有効期至2011年8月31日

龍鳳

　准备了所有的中餐菜肴、午餐的时候能排队

住所：〒103-0015　東京都中央区日本橋箱崎町42-1東京シティエアターミナルビル内　　TEL：03-3665-7162

さくら

中午和晚上的小吃很受欢迎。

住所：〒103-0015　東京都中央区日本橋箱崎町42-1東京シティエアターミナルビル内　　TEL：03-3665-7159

浅草人力車　松風

　乘坐人力车，介绍浅草的名胜、精彩处。10分钟＝3000日元、20分钟＝6000日元、30分钟＝8000日元(2名)。

住所：〒111-0034　東京都台東区雷門2-9-3　TEL：090-8437-9932

浅草新仲見世　高久

住所：〒111-0032　東京都台東区浅草1-21-7　　TEL：03-3844-1257

日本料理手打ちそば　十和田

　仲见世、雷门……品尝"精美"的正宗手打荞麦面。

住所：台東区浅草1-13-14
TEL：03-3841-7375

野菜のおやき

贩卖长野的乡土菜肴"烧饼"

住所：台東区浅草1-22-4
TEL：03-3845-7170

优惠内容

● お会計より5%の割引をいたします。(2店舗とも)

用餐5%优惠

使用注意

● 注文時にクーポン提出のこと

点菜的时候出示优惠券

有効期至2012年3月31日

优惠内容

● お会計より5%の割引をいたします。(2店舗とも)

用餐5%优惠

使用注意

● 注文時にクーポン提出のこと

点菜的时候出示优惠券

有効期至2012年3月31日

优惠内容

● お買い上げの10%off

结账时享受10%的优惠

无有效期

优惠内容

● 通常コース10分＝3000円、20分＝6000円、30分＝8000円(2名様)。各コース10%引き(クーポン持参)

全部优惠10%

使用注意

● 営業時間AM10:00～PM18:00

营业时间AM10:00～PM18:00

无有效期

优惠内容

● かりんと饅頭6ヶお買い上げで2ヶサービス

买6个江米条和馒头另外赠送2个

使用注意

● お1人様1度につき1回

每位顾客只能用一次

无有效期

优惠内容

● 飲食代の10%割引

用餐优惠10%

使用注意

● お一人様一品でお願いします。

每人请点一种.

无有效期

野菜のアイスクリームショップ　グリーンベル

经营大约14种特制的冰淇淋。

住所：〒111-0032　東京都台東区浅草
1-18-8　　TEL：03-5827-1055

浅草壽司清

创业120年历史悠久的店铺。

住所：東京都台東区浅草1-9-8
TEL：03-3841-1604

(株)ヨシカミ

历史悠久的小型的西餐馆、从基础
材料开始严格筛选的手工制作，提供浅
草的特色味道。（60年历史）

住所：〒111-0032　東京都台東区浅草
1-41-4　　　　TEL：03-3841-1802

やまとみ呉服店

手工缝制的和服，扇子，日本传统
手帕模样精致，便宜大方。作为礼物也
很受欢迎。

住所：東京都台東区浅草1-37-8伝院通り
TEL：03-3845-5291

**鉄板Dining満月
浅草もんじゃ**

日本庶民的文化＂もんじゃ焼
き＂（把小麦粉和材料放到铁板上烤
制），体验在铁板上制作美食的乐趣。
有中国服务员。

住所：〒111-0034　東京都台東区雷門
2-18-16　2F　　TEL：03-3845-2602

桐工芸　箱長

明治7年创建的历史悠久的店铺。
华俏美丽的装饰是用纯丝和"佐賀錦"
交织做成。使用梧桐木材和布料温暖调
和配方"桐相込み"的技术在日本是独
此一家。将给你的房间里送去江户时代
的精华和情趣。

住所：台東区浅草1-4-5オレンジ通り店　東京
都台東区浅草1-34-5メトロ通り店　TEL：
3-843-8719オレンジ店　03-3843-8727メトロ店

优惠内容

● デザートサービス

赠送甜点

使用注意

● 1人一品以上の注文をお願いします。

每人请点一种以上。

无有効期

优惠内容

● アイスクリーム１０円引き

购买冰淇淋即减10日元

使用注意

● お１人様１度につき１回

每位顾客只能用一次

无有効期

优惠内容

● 5%割引~小物

95折优惠

使用注意

● 着物はセンタクキであらえます

和服不能用洗衣机洗

无有効期

优惠内容

● 合計の５％値引き

95折优惠

使用注意

● オーダーの際にクーポン使用の旨申し出て下さい

点菜的时候请使用优惠券

有効期至2011年12月31日

优惠内容

● クーポン券ご持参の方で\5,000以上お買い上げの方に(開運厄除けミニ羽子板を進呈です)

合计购买5000日元以上的顾客凭借优惠券
（赠送开运除恶的小型羽毛球拍）

使用注意

● クーポン券持参で\5,000以上 ☆お土産品(開運厄除けミニ羽子板)お買い上げの方

消费5000日元以上可使用优惠券

无有効期

优惠内容

● トッピングサービス券

赠送饮料券

使用注意

● 他のサービスとの併用不可。
● もんじゃ、お好み焼き１品ご注文につき一つ？サービス

不能与其他优惠券并用

无有効期

お好み焼きもんじゃ こばやし

本店的食品材料都限定日本的国产材料。以丰富的菜单而自豪的铁板烧店。

住所：東京都台東区浅草1-34-4
TEL：03-3847-6733

ASAKUSA らむや

炭烧羊肉专门店＆火锅店。

住所：東京都台東区花川戸1-18-11
TEL：03-3843-0811

アトリエわよう

完全是本店特制的商品。摆放了各式各样的"簪子"，束腰带子的装饰品和手机链都是手工制作！！！请一定光顾啊！

住所：東京都台東区浅草1-41-8
TEL：03-3843-2869

まえだ食堂

品种丰富的庶民食堂。

住所：〒111-0032　東京都台東区浅草
2-3-27　　　　　TEL：03-3843-5807

カリカチュアジャパン

日本唯一的肖像漫画店！幽默地描绘您的特征！浅草的背景也可以添加进去！

住所：東京都台東区浅草1-37-6
TEL：03-5830-7220（本社直通）

がんこ屋

本店是鳗鱼和天妇罗的专门店。

住所：東京都台東区千束3-8-7
TEL：03-3876-8442

优惠内容

● お1人様1500円以上でソフトクリーム
毎位顾客消费1500日元以上赠送冰淇淋

使用注意

● お1人様1500円以上御利用の方に限り
消费满1500日元以上可使用

有効期至2011年12月31日

优惠内容

● お1人様1品注文でミニかき氷サービス
毎位顾客点一道菜赠送刨冰

使用注意

● お1人様1品注文の方に限り
毎位顾客只限点一种菜时使用

有効期至2011年12月31日

优惠内容

● お食事全品50円引き
消费即减50日元

无有効期

优惠内容

● （1,000円以上お買い上げのお客様)10%OFF
（购买1000日元以上的顾客）优惠10%

使用注意

● 赤値、特価品を除きます
特价品除外

有効期至2011年12月31日

优惠内容

● 定価の5%引き
定价优惠5%

使用注意

● お1人様1品でお願いします
毎人请点一种

有効期至2011年12月30日

优惠内容

● ￥300割引！
消费即减300日元

使用注意

● クーポンはカラー付の商品にのみ有効です。　※ウェルカムボードは対象外
优惠券只针对彩色商品有效。※Welcome画板除外

无有効期

小柳

创业85年。诚心制作的不变的味道。

住所：東京都台東区浅草1-29-11
TEL：03-3843-2861

よ兵衛

靠近观音的国产米粉烤制的煎饼(せんべい)的专门店。创业25周年，热乎乎的手工制作的煎饼(せんべい)店迎接您的到来。米粉团可以在店里食用。

住所：〒111-0032　東京都台東区浅草2-2-7　TEL：03-3841-0868

ツインハート

摆设了从日本到美国、欧洲世界各地的小孩衣服的精选店。

住所：東京都中央区日本橋箱崎町42-1
東京シティエアーターミナル2F
TEL：03-3665-7650

(株)オノデン

住所：〒101-0021　東京都千代田区外神田1-2-7　TEL：03-3253-3911

今半本店

明治28年创业的日式牛肉火锅专门店。建筑历史60年的内厅单间。让您享受到传统的味道。（单间要预约）

住所：〒111-0032　東京都台東区浅草1-19-7　TEL：03-3841-1411

浅草　人力車　時代屋

乘坐浅草街中的人力车一边倾听车夫的风景介绍一边可以观光。作为乘车纪念赠送特制的绘书！

住所：東京都台東区雷門2-3-4
TEL：03-3843-0890

优惠内容

● 1000円以上お買い上げの方に、お店オリジナルのおすしの飴1本プレゼント

购买1000日元以上的顾客赠送特制的寿司糖1支

使用注意

● 焼きたてのお団子が1本で店内で召し上がれます。お茶もサービスします。

赠送一只刚烤好的米粉团，请在店内食用，茶免费。

无有效期

优惠内容

● タウン誌「おかみさん」をプレゼントお食事をして頂いた1組様に粗品をプレゼント

每组用餐的顾客免费赠送小礼物

使用注意

● 木曜日は定休日　11：30～15：00
　　　　　　　　　　16：00～21：00

星期4为固定休息日　11：30～15：00
　　　　　　　　　　16：00～21：00

有效期至2011年12月31日

优惠内容

● クーポン券提示のお客様表示価格より10%OFF(パソコン、ゲーム機は除く)

使用该优惠券可享10%优惠（电脑和游戏机除外）

使用注意

● 値引交渉後のクーポン券は不可

商品议价后不能使用优惠券

无有效期

优惠内容

● クーポン使用で30%OFF(一部除外あり)

使用优惠券可享30%优惠（部分产品适用）

使用注意

● セール時はセール価格10%OFFとさせて頂きます

打折品同时优惠10%

有效期至2011年12月28日

优惠内容

● 人力車乗車料金10%割引

人力车乘车费优惠10%

使用注意

● 割引対象：1名様乗車利用の場合45分コース以上。2名様乗車利用の場合30分コース以上。

优惠对象：一名顾客使用45分钟以上，2名顾客使用30分钟以上。

有效期至2011年12月31日

优惠内容

● お飲み物をソフトドリンクは人数分サービスで、アルコールは人数分半額で

来访客人第一杯饮料免费，酒类半价优惠

使用注意

● PM4:00以降

下午4:00以后

有效期至2011年12月31日

江戸下町料理 宮戸川

擅长江户菜肴和江户的地方酒的
low price的日式居酒屋。

住所：東京都台東区浅草2-7-13
TEL：03-3841-9362

つばめ屋

分量充足 配以特制的调味酱味道
非常相合。

住所：東京都台東区浅草2-4-10
TEL：03-6795-0456

純喫茶 マウンテン

你可以享受到在东京、浅草、
NO.1的甜点 "クリームあんみつ"
（奶油豆沙包）加上醇厚的咖啡一起品
尝。

住所：東京都台東区浅草1-8-2
TEL：03-3841-0172

もんじゃ焼き お好み焼き マウンテン

在东京庶民居住的浅草、从很早以
前开始经营乡土菜肴 "もんじゃ焼き"
（把小麦粉和材料放到铁板上烤制）
店。享受家庭式的铁板烧和酒、もんじ
ゃ焼き（2楼）

住所：東京都台東区浅草1-8-2
TEL：03-3841-0172

広東料理 宝来楼

一流的中国厨师制作的正宗广州菜
肴。

住所：東京都台東区浅草1-1-7
TEL：03-3841-3796

みるくの樹

添加物香料等都没有使用、用心制
作的蛋糕、点心。 请品尝一下庶民厨
师的心意。

住所：東京都台東区浅草1-40-5パーク
伊藤1F102号　 TEL：03-3847-1203

优惠内容

● ドリンク1名1品(ソフトドリンク)

每位赠送饮料（不含酒精）

使用注意

● 火曜日(定休)

星期二为固定休息日

有効期至2011年12月31日

优惠内容

● 旬な小鉢一品サービス

赠送季节小碗食物

使用注意

● 定休日：水曜日　サービス券はお1人様一品

固定休息日：星期三，优惠券每位顾客一种

有効期至2011年12月31日

优惠内容

● お食事合計2500円以上で200円割引。本格ドリップ手取りコーヒープレゼント

用餐合计2500日元以上即减200日元。赠送正宗的咖啡

使用注意

● 営業時間AM11:30～PM11:00。お1人様につき一品の注文をお願いします。

营业时间AM11：30～PM11：00
每位顾客请点一种

无有效期

优惠内容

● お食事合計2500円以上で200円割引。本格ドリップ手取りコーヒープレゼント

用餐合计2500日元以上即减200日元。赠送正宗的咖啡

使用注意

● 営業時間AM11:30～PM11:00。お1人様につき一品の注文をお願いします。

营业时间AM11：30～PM11：00
每位顾客请点一种

无有效期

优惠内容

● バースデーケーキ10%引き&みるくの樹1ケサービス(前日までに予約&ご入金が条件です)

生日蛋糕优惠10%，赠送みるくの樹（蛋糕）1个。（需要前日预约和交款）

有効期至2011年12月31日

优惠内容

● 全商品5%

全部商品优惠5%

使用注意

● お1人様一品でお願いします。

每位顾客请点一种.

有効期至2011年12月31日

魚三昧　芳志

　平常使用新鲜的鱼贝类、肉、季节蔬菜、传统的日式菜肴、还备有崭新的现代的日式菜肴和丰富的菜单。营业时间 星期一～星期六 17:00～24:00 最后的点菜时间23:00　可用信用卡：VISA、UC、ダイナース、JCB、AMEX、DC。

住所：東京江東区門前仲町1-7-5
TEL：03-3820-7568

優美良品

　日本制造的限定化妆品和杂货店。低价格贩卖资生堂和自然派的商品、作为礼物很适合

住所：〒101-0021　東京都千代田区外神田6-14-9秋葉原MFビル1F
TEL：03-5812-6156

ぱいち

　创业70年的历史悠久的西餐馆，被人们爱戴的 "シチュー・カツサンド"（肉和蔬菜一起炖的西餐・猪排三明治）

住所：東京都台東区浅草1-15-1
TEL：03-3844-1363

有限会社あみ清産業

　从浅草出发的有屋顶的船，可以眺望到スカイツリー（电视塔的名称）、隅田川周游船、享受江户时代的精华。

住所：東京都台東区駒形2丁目1番26号
TEL：03-3844-1869

カフェレスト・カズン

Casual Ber。International
365days Open,Guide

住所：東京都台東区浅草1-41-8
TEL：03-3842-3223

Gohan dining BAR
ほっこり有楽町店

　京都的铺面形象、很安静的日式空间　在大釜戸煮制的饭、有效的利用季节材料制作的温和的日式菜肴

住所：〒100-0006　東京都千代田区有楽町2-3-5 ORE有楽町 9階
TEL：03-3569-2700

优惠内容

● 今ついてる価格から10%割引券
*お一人様1回限り有効

当时价格优惠10%
*每位顾客只能够使用一次

使用注意

● 1枚5名まで

一张优惠券可供5名顾客使用

有效期至2011年12月31日

优惠内容

● 刺身盛り合わせ一人前7品のところ8品(人数分の刺盛を注文際)

生鱼片拼盘7种增加到8种

使用注意

● 予約時、人数分の刺盛りを注文の際、上記サービス

预约的时候、每人点生鱼片的时候才可以使用该优惠

无有效期

优惠内容

● かし切2時間コース 10%割引 乗合船10%割引

包厢2个小时的套餐优惠10%，乘船优惠10%

使用注意

● 他のクーポンとは使えません。

不能与其他优惠券并用。

无有效期

优惠内容

● 1組に1つアイスクリームサービス

每组赠送一个冰淇淋

使用注意

● 1人1品注文お願いします。ドリンク不可

每人请点一种（饮料除外）

有效期至2011年12月31日

优惠内容

● お食事 20%OFF

用餐优惠20%

使用注意

● ※ 割り引き上限3000円まで
※ 他見併用不可

上限3000日元为止。不能和其他优惠券并用

无有效期

优惠内容

● Welcome Drink

赠送饮料一杯

使用注意

● 必ず1杯は御注文頂きたい

每人需点一杯

无有效期

ベル美容外科
クリニック

本美容外科医院的去皱纹，加入透明质酸最有人气！！注入再生医疗技术独创的FGF能带来意想不到的变化。详情请看HP。

住所：〒150-0002　東京都渋谷区渋谷1-12-7CR VITE10　TEL：03-6418-5746

自由が丘イ
ンディア

印度·巴基斯坦菜肴的专门店。午餐Naan（印度饼）&米饭自助形式。而且加上甜点和烤肉1000日元。

住所：〒158-0083　東京都世田谷区奥沢6-31-18ロカーサ自由が丘B1F
TEL：03-5706-2365

レストラン
ル・シャポン

南法国的舒适的西餐馆

住所：〒158-0083　東京都世田谷区奥沢6丁目21番11号大明産業ビル101

ウィンドフォール

住所：〒152-0035　東京都目黒区自由が丘2-14-9　TEL：03-3725-6285

嵐寿司

一直保持着江户时代的寿司文化和传统。由专职寿司师傅制制寿司。只使用天然的鱼。有地方酒。有中国人服务员。如在家里一般的舒适气氛。在车站附近。

住所：港区新橋3-16-10-リカムビルB1
TEL：03-3438-3643

炉ばたや

历史悠久的店铺创业32年。烹饪、以新鲜的海产品为中心的日本菜肴。

住所：〒105-0004　東京都港区新橋3-26-3会計ビル1階
TEL：03-3574-9165

优惠内容

● ランチタイム„„10%OFF ディナータイム„„\3500以上のご飲食で\500割引

午餐优惠10%，晚餐消费3500日元以上优惠500日元

使用注意

● パーティー＆ディナーコースは使用不可

宴会&晚餐套餐不能使用.

有效期至2011年12月31日

优惠内容

● クリニックの施術代金ALL10%OFF

诊所的手术费全部优惠10%

使用注意

● 団体様可。医薬化粧品も割引有

可以团体使用。医药化妆品有优惠.

有效期至2011年12月31日

优惠内容

● 5%OFFにて

优惠5%

无有效期

优惠内容

● 食前酒一杯サービス

赠送一杯餐前酒

使用注意

● 1枚4名まで

一张可供4名顾客使用

无有效期

优惠内容

● 10%OFF

优惠10%

使用注意

● 要予約(金曜日不可)

需提前预约（星期五不能使用）

有效期至2011年12月31日

优惠内容

● お食事代10%OFF

用餐费优惠10%

使用注意

● 1枚1グループ。お会計時に提示

一组一张。结账的时候出示

有效期至2011年12月31日

ReRaKu和風癒処

是一家与南亚风情融合一起，充满亚洲情调的按摩店，店员以古朴温良的心服务每一位来店的贵宾。
如果预约了请务必光临。有4个房间、如果是5名以上的话，请有一位稍等片刻。

住所：〒101-0027　东京都千代田区神田平河町4番地　渡边ビル5F
TEL：03-3863-4718

秋葉原　とら八

烤鸡肉、串烧店　只限于经营鸡肉。

住所：東京都千代田区神田佐久間町2-17
TEL：03-5820-0388

和菓子　松屋

从江户时代开始200年以上历史的店。

住所：東京都千代田区神田松永町1番地
TEL：03-3251-1234

ぽぽぷれ

接受CCTV(中国中央电视台)的采访（3次），有90名工作人员的大规模店。中国的工作人员也有10名～20名。入场费用、座位费免费。和动画片的制作工作室「popo」并设。可以挑战"アフレコ"。

住所：東京都千代田区外神田1-8-10バウハウス2F　TEL：03-3252-8599

あゆたて

从"筑地"开始、全国各地的产地直送的海产品让您满意。

住所：東京都新宿区新宿1-29-7ウィステリアビル1F　TEL：03-5368-0332

快眠ショップ　sono bom

从多角度辅助您快速入睡的杂货专门店。"五感で眠る"（利用视觉、听觉、嗅觉、味觉、触觉来入睡）的概念贩卖各式各样帮助快速入睡的杂货。

住所：東京都台東区雷門1-5-2雷門江戶マンション1F　TEL：03-5827-2302

优惠内容

● 1,000円OFF(60分コース)
※通常、6,300円のコースです。

优惠1000日元（60分钟套餐）※套餐原价6,300日元

使用注意

● 初回の方、何名様でもOK。秋葉原店のみ有効(カード使用不可なので、気を付けて下さい)

初期使用的顾客、不限人数。只有秋叶原店有效。（不能使用信用卡、请注意）

有効期至2011年12月31日

优惠内容

● 10%OFF

优惠10%

无有效期

优惠内容

● オリジナルポスタープレゼント　（いちごちゃん)

赠送特制的海报

无有效期

优惠内容

● クーポン持参で10%割引）

持优惠券优惠10%

无有效期

优惠内容

● 全商品10%割引

所有商品优惠10%

使用注意

● お一人様1回限り

每位只限一次。

无有效期

优惠内容

● ご飲食代総額から1000円割引

用餐总消费即减100日元

使用注意

● 1組5000円以上利用時のみ

每组5000日元以上时可使用

无有效期

因为有太多的商店想去，在没有具体方向而困惑的时候我听说了东方导。注册使用后，发现了所介绍的经典线路正是自己想要的购物行程计划。

在东方导，不仅仅介绍了特别有人气的商家，还包括了东京的秋叶原地区、银座地区、还有新宿的商家，只要在您想去的商家打上勾，就会自动添加到自己的行程计划中。之后只要再编辑下顺序就可以完成自己的行程计划了。因为地铁的使用方法和运营时间都不是很清楚，担心一天内是否可以来得及去自己想去的地方，与客房商量了之后，在东京的客服人员将地铁的使用方法及商家的特征点分别地对我进行指导，使我顺利完成了自己的行程表。

而且还可以参考别人所制定的其他类型行程表，这样自己就没有必要完全重新制作行程，合理参考其他能用的计划，拼拼凑凑出自己的就可以轻松的完成行程制作。

在和朋友计划去日本旅行的时候，从好朋友处听说了东方导。其实自助游是第一次，到了机场后如何去目的地、时间要多少、费用要多少等在脑海中不停浮现，非常的苦恼。这时东方导的电话客服的存在就像是一个强心剂。

我和朋友都借到了试验提供中的手机，那可是帮了我们大忙。

在上海的旅行社预约了机票，在取机票的时候顺便领取了手机，到下了飞机就马上能使用了。

最厉害的是给电话客服打电话是免费的。和朋友间的通话也是免费的。

你一定不相信吧？不过这个是真的。甚至打电话回中国给家人保平安的时候连1块钱也不用！你不认为真的是非常的便宜吗？我从来不知道还有这样的电话。

如果迷路了，打开手机找到客服的电话打过去咨询。客服会准确的告诉您在什么位置该怎么走。不管什么问题有了东方导的客服及手机的帮助，都可以迎刃而解。

使用指南

1. 这是与东方导互动的会员卡。
2. 有关东方导请参照其官方网站。网址：www.dongfangdao.com
3. 只需在东方导输入会员卡号，就能免费获得一定的积分。
4. 通过获得的积分可以享受东方导的各种收费服务。

终于找到了相当有用的全方面专业顾问！

如果去日本自助游的话就选东方导
东方导为您提供全方面的专业顾问服务

使用场景：
- 经典路线很便捷
- 在线咨询可以帮你轻松完成行程计划
- 另附优惠券！
- 即使紧急时刻还有电话客服的支援
- 全新的免费手机（电话客服、租赁用户间）！

Case1　想事先知道在哪个商店里买好，商店的具体方位在哪里！

A小姐　32岁
（女性）

　　如果是跟旅行团去的话，可以去指定的商店进行购物，但是自助游的话却不知道哪些店家好，找起来非常的困难。

　　像我比较喜欢买化妆品，但是非常想去的银座、最有名的松本清药妆店、还有查找附近的商家都费了很多功夫。日文的网站看不懂，中文检索又找不到详细的信息。这个时候我得知了东方导的服务就马上注册了。于是马上就搜索到了松本清药妆店，同时还有地图和电话号码，非常的方便。在出行前能查找到这些信息觉得很放心，而且还可以将搜索到的商店信息及行程计划与会员互相分享，通过网络就能够安排好行程。

　　商家的信息、行程表只要打印出来就行。而且有些商家还有优惠券可以使用，只需事前打印好带着就可以，相当省事方便。

优惠内容

- 3万円以上ご購入の場合、香水プレゼント
购买3万日元以上赠送香水.

使用注意

- お一人様1回限り(上野店に限る)
每人只限一次（只限上野店）

有効期至2011年12月31日

优惠内容

- 料理代10%OFF
餐饮费优惠10%

有効期至2011年12月31日

优惠内容

- 正規料金から10%割引
优惠10%

使用注意

- 他の割引との併用は不可
不能与其他优惠券一起用

有効期至2011年12月31日

优惠内容

- 正規料金から10%割引
优惠10%

使用注意

- 他の割引との併用は不可
不能与其他优惠券一起用

有効期至2011年12月31日

优惠内容

- 正規料金から10%割引
优惠10%

使用注意

- 他の割引との併用は不可
不能与其他优惠券一起用

有効期至2011年12月31日

优惠内容

- 正規料金から10%割引
优惠10%

使用注意

- 他の割引との併用は不可
不能与其他优惠券一起用

有効期至2011年12月31日

江戸沢
東京総本店

　"江戸沢"的汤汁全部使用了营养丰富的整鸡熬制。你可以品尝到从蔬菜、肉、鱼类本身的美味中抽出的火锅。

住所：東京都墨田区両国3-24-11
TEL：03-5600-1011

株式会社大黒屋
上野店

　当铺大黑屋。从JR上野站徒步3分钟就到。备有劳力士，路易威登等，商品品种丰富。

住所：東京都台東区上野2-6-11　エッグビル
TEL：03-3834-3411

ウィークリーマンション浅草

　位于东京著名的观光地浅草。可步行到雷门、浅草寺。每个房间都配有厨房，长期旅游居住也很方便。

住所：〒130-0004　東京都墨田区本所1-21-11　TEL：03-3626-2443（国際：81-3-3626-2443）

ウィークリーマンション赤坂

　位于东京都中心的主要部位，交通便利。可步行到"六本木ヒルズ"。每个房间都配有厨房，长期旅游居住也很方便。

住所：〒107-0052　東京都港区赤坂2-17-54　TEL：03-5570-0230（国際：81-3-5570-0230）

ホテルマイス
テイズ御茶ノ水

　可步行到"御茶ノ水"、"秋叶原"。一楼有便利店，交通便利，旅游居住非常方便。

住所：〒101-0063　東京都千代田区神田淡路町2-10-6　TEL：03-5289-3939（国際：81-3-5289-3939）

ホテルマイス
テイズ横浜

　特别适合到"中华街"、"山下公园"、"みなとみらい"地区等观光地点。为您提供最一流的旅游居住环境。

住所：〒231-0055　神奈川県横浜市中区末吉町4-81　TEL：045-252-1311（国際：81-45-252-1311）

优惠内容

● ワンドリンク(ソフトドリンク)サービス

赠送一杯清凉饮料

使用注意

● コース料理注文につき、1枚4名様まで

只限点套餐的客人，每张限4名使用

有効期至2011年11月30日

优惠内容

● ワンドリンク(ソフトドリンク)サービス

赠送一杯清凉饮料

使用注意

● コース料理注文につき、1枚4名様まで

只限点套餐的客人，每张限4名使用

有効期至2011年11月30日

优惠内容

● 売店商品5%割引き（但し、酒類、雑菓子類等除外品有り）

商店的商品优惠5%（部分酒类，糕点类除外）

使用注意

● 1枚1グループ対応

一张优惠券可以多人使用

有効期至2012年3月31日

优惠内容

● ①関所・元箱根～湖尻　特別料金@880　②関所・元箱根・湖尻～箱根園　特別料金@660　③関所・元箱根30分周遊特別料金@870　④各コースこども特別料金有り

①関所●元箱根～湖尻 特別优惠价880日元
②関所●元箱根・湖尻～箱根園特別优惠价660日元
③関所●元箱根30分钟周遊特別优惠价870日元
④各个游乐项目均有儿童特别费用。

使用注意

● 1枚1グループ対応

一张优惠券可以多人使用

有効期至2012年3月31日

优惠内容

● 往復運賃　大人@950円、こども@480円(通常@1,050円、こども@530円)

往返缆车优惠价成人950日元，儿童480日元（原价成人1050日元、儿童530日元）

使用注意

● 1枚1グループ対応

一张优惠券可以多人使用

有効期至2012年3月31日

优惠内容

● 売店商品5%割引き（但し、酒類、雑菓子類等除外品有り）

商店的商品优惠5%（部分酒类，糕点类除外）

使用注意

● 1枚1グループ対応

一张优惠券可以多人使用

有効期至2012年3月31日

かに道楽　上野店

遍布日本全国的螃蟹烹饪专门店。使用严格精选的优良的螃蟹、饱尝丰富的日本螃蟹烹饪。

住所：東京都台東区上野4-9-6永藤ビル8F
TEL：03-5688-8249

かに道楽　横浜店

遍布日本全国的螃蟹烹饪专门店。使用严格精选的优良的螃蟹、饱尝丰富的日本螃蟹烹饪。

住所：神奈川県横浜市中区伊勢佐木町
2-84-1　　　　TEL：045-252-5511

箱根芦ノ湖遊覧船

安定性非常好的双胴船，船体有2艘船大的面积、可以在展望甲板上360度的展望、是游览芦之湖的最佳选择。

住所：神奈川県足柄下郡箱根町元箱根45-3
TEL：0460-83-6351

箱根関所　旅物語館

以江户时代为代表的商店备有丰富多彩的土特产和特产品。

住所：神奈川県足柄下郡箱根町箱根10
TEL：0460-83-6355

箱根湖尻ターミナル

本店备有丰富的以箱根为主的名土特产。你可以尽情享受购物乐趣。

住所：神奈川県足柄下郡箱根町湖尻110
TEL：0460-84-9511

箱根駒ケ岳ロープウェー

全长1800m，7分钟的空中散步、你将可以看到从骏河湾到伊豆半岛、房总半岛的宏伟立体画景。

住所：神奈川県足柄下郡箱根町元箱根138
TEL：0460-83-6473

优惠内容

● ワンドリンク(ソフトドリンク)サービス

贈送一杯清凉饮料

使用注意

● コース料理注文につき、1枚4名様まで

只限点套餐的客人，每张限4名使用

有效期至2011年11月30日

优惠内容

● ワンドリンク(ソフトドリンク)サービス

贈送一杯清凉饮料

使用注意

● コース料理注文につき、1枚4名様まで

只限点套餐的客人，每张限4名使用

有效期至2011年11月30日

优惠内容

● ワンドリンク(ソフトドリンク)サービス

贈送一杯清凉饮料

使用注意

● コース料理注文につき、1枚4名様まで

只限点套餐的客人，每张限4名使用

有效期至2011年11月30日

优惠内容

● ワンドリンク(ソフトドリンク)サービス

贈送一杯清凉饮料

使用注意

● コース料理注文につき、1枚4名様まで

只限点套餐的客人，每张限4名使用

有效期至2011年11月30日

优惠内容

● ワンドリンク(ソフトドリンク)サービス

贈送一杯清凉饮料

使用注意

● コース料理注文につき、1枚4名様まで

只限点套餐的客人，每张限4名使用

有效期至2011年11月30日

优惠内容

● ワンドリンク(ソフトドリンク)サービス

贈送一杯清凉饮料

使用注意

● コース料理注文につき、1枚4名様まで

只限点套餐的客人，每张限4名使用

有效期至2011年11月30日

かに道楽
新宿駅前店

　精选的螃蟹、保持原汁原味的烹饪方法。店内空间为日式风格。

住所：東京都新宿区新宿3-27-10武蔵野ビル4F　　TEL：03-3350-0393

かに道楽
西新宿5丁目店

　在安静的日式气氛里享受宴会、寿司、精选佳肴等正宗的日式螃蟹菜肴。

住所：東京都新宿区西新宿5-25-9
TEL：03-5351-2525

かに道楽
渋谷公園通り店

　遍布日本全国的螃蟹烹饪专门店。使用严格精选的优良的螃蟹、饱尝丰富的日本螃蟹烹饪。

住所：東京都渋谷区宇田川町20-15ヒューマックスビル9□10F
TEL：03-5458-3311

かに道楽　銀座本店

　在充满日本和式风情的氛围里，请尽情享用精选螃蟹的菜肴。

住所：東京都中央区銀座5-13-19デュープレックス銀座11F
TEL：03-6226-0009

かに道楽
銀座八丁目店

　遍布日本全国的螃蟹烹饪专门店。使用严格精选的优良的螃蟹、饱尝丰富的日本螃蟹烹饪。

住所：東京都中央区銀座8-7ギンザナイン2号館　　TEL：03-3572-7272

かに道楽
吾妻橋店(浅草)

　精选的螃蟹、保持原汁原味的烹饪方法。店内空间为日式风格。

住所：東京都墨田区吾妻橋1-23-30
TEL：03-5608-2626

优惠内容

● 蔵元のお酒100ml　1杯サービス（来店者1人1杯）

赠送一杯"藏元"酒厂的酒100ml（来店者1人1杯）

使用注意

● ディナータイムのみ使用可能　17:00～

限17：00以后晚餐时使用

有效期至2011年12月31日

优惠内容

● 蔵元のお酒100ml　1杯サービス（来店者1人1杯）

赠送一杯"藏元"酒厂的酒100ml（来店者1人1杯）

使用注意

● ディナータイムのみ使用可能　17:00～

限17：00以后晚餐时使用

有效期至2011年12月31日

优惠内容

● 蔵元のお酒100ml　1杯サービス（来店者1人1杯）

赠送一杯"藏元"酒厂的酒100ml（来店者1人1杯）

使用注意

● ディナータイムのみ使用可能　17:00～

限17：00以后晚餐时使用

有效期至2011年12月31日

优惠内容

● 蔵元のお酒100ml　1杯サービス（来店者1人1杯）

赠送一杯"藏元"酒厂的酒100ml（来店者1人1杯）

使用注意

● ディナータイムのみ使用可能　17:00～

限17：00以后晚餐时使用

有效期至2011年12月31日

优惠内容

● ワンドリンク(ソフトドリンク)サービス

赠送一杯清凉饮料

使用注意

● コース料理注文につき、1枚4名様まで

只限点套餐的客人，每张限4名使用

有效期至2011年11月30日

优惠内容

● オリジナルカクテル1杯サービス

赠送一杯特制的鸡尾酒

使用注意

● 女性お一人様でご来店に限る

限女性一人来店时使用

有效期至2012年3月31日

稲田屋飯田橋店

可以享受到创业332年以上的鸟取县酿酒厂手工酿制的日本酒和山间乡土菜肴的居酒屋。

住所：東京都千代田区飯田橋3-10-9
アイガーデンテラス3階
TEL：03-3234-1708

稲田屋　品川店

可以享受到创业333年以上的鸟取县酿酒厂手工酿制的日本酒和山间乡土菜肴的居酒屋。

住所：東京都港区港南1-9-36　アレア品川１階　　　TEL：03-6718-1718

稲田屋　秋葉原店

可以享受到创业334年以上的鸟取县酿酒厂手工酿制的日本酒和山间乡土菜肴的居酒屋。

住所：東京都千代田区外神田1-18-18　秋葉原駅前プラザビル４階
TEL：03-5297-1708

稲田屋　大手町店

可以享受到创业335年以上的鸟取县酿酒厂手工酿制的日本酒和山间乡土菜肴的居酒屋。

住所：東京都千代田区大手町1-3-2　大手町カンファレンスセンター（経団連会館）地下１階　TEL：03-3282-1708

カクテルバー花Bar

以"一个人喝酒"为理念的鸡尾酒吧。即使不会喝酒也可以进来稍憩，就像进咖啡屋那样随意的酒吧。

住所：東京都渋谷区道玄坂1-17-10第二宝ビル４F　　TEL：03-3461-4377

かに道楽新宿本店

在安静的日式气氛里享受宴会、寿司、精选佳肴等正宗的日式螃蟹菜肴

住所：東京都新宿区新宿3-14-20テアトルビル8F　　TEL：03-3352-0096

优惠内容

- 国産上州豚の野菜セイロ蒸しサービス！

赠送国产的上州猪肉的蔬菜蒸笼！

使用注意

- ①1回1枚限り、1組1枚のご利用 ②他サービスとの併用不可③ランチタイム、金曜、祝前日使用不可 ④クーポンのみ利用不可

①一次只限用一张、一张可多人同时使用 ②不能和其他的优惠券并用 ③午餐时间、星期五、公共休息前日不能使用 ④单独使用优惠券无效

有効期至2011年12月31日

优惠内容

- 国産上州豚使用！串焼10本盛り合わせサービス！

使用国产的上州猪肉！赠送烤串10支拼盘！

使用注意

- ①1回1枚限り、1組1枚のご利用 ②他サービスとの併用不可③ランチタイム、金曜、祝前日使用不可 ④クーポンのみ利用不可

①一次只限用一张、一张可多人同时使用 ②不能和其他的优惠券并用 ③午餐时间、星期五、公共休息前日不能使用 ④单独使用优惠券无效

有効期至2011年12月31日

优惠内容

- 10%割引

优惠10%

使用注意

- 交通手段：末広町駅から96m。営業時間：11:00～15:00 17:00～23:00

交通手段：距离末广町车站96米。营业时间：11:00～15:00 17:00～23:00

有効期至2011年12月31日

优惠内容

- お1人様生ビール1杯サービス!!

每位客人赠送生啤酒1杯

无有效期

优惠内容

- 蔵元のお酒100ml　1杯サービス（来店者1人1杯）

赠送一杯"蔵元"酒厂的酒100ml（来店者1人1杯）

使用注意

- ディナータイムのみ使用可能　17:00～

限17:00以后晚餐时使用

有効期至2011年12月31日

优惠内容

- 蔵元のお酒100ml　1杯サービス（来店者1人1杯）

赠送一杯"蔵元"酒厂的酒100ml（来店者1人1杯）

使用注意

- ディナータイムのみ使用可能　17:00～

限17:00以后晚餐时使用

有効期至2011年12月31日

とことん倶楽部

使用国产的新鲜的とことん猪肉制作的炭火串烧和もつ煮込み（用猪肠和蔬菜煮的汤）。以昭和30年代为形象，复古、充满生气地待客，让人舒适的店。

住所：東京都千代田区丸の内１－９－１八重洲北口キッチンストリート内
TEL：03-6267-2904

とんとことん八重洲店

纹理细腻丰润风味独特的「国产上州豚とことん」和早上采摘的新鲜蔬菜的自助餐店。

住所：東京都千代田区丸の内1-11-1 PCP丸の内ビルB1
TEL：03-3215-2910

八十八(やそはち)

1979～1981年参加第21次日本南极观测队(南极料理人)

住所：東京都新宿区新宿1-29-7　新宿ウェステリアビルB1
TEL：03-3355-3883

花様年華

位于秋叶原的的西餐馆可以品尝到正宗的上海菜肴。美味的海鲜炒面、非常受好评。

住所：東京都千代田区外神田6-13-10 ミクニイーストビル１F
TEL：03-5812-3755

稲田屋　日本橋店

可以享受到创业330年以上的鸟取县酿酒厂手工酿制的日本酒和山间乡土菜肴的居酒屋。

住所：東京都中央区日本橋2-3-4　日本橋プラザビル1階
TEL：03-3510-1718

稲田屋新宿西口店

可以享受到创业331年以上的鸟取县酿酒厂手工酿制的日本酒和山间乡土菜肴的居酒屋。

住所：東京都新宿区西新宿1-1-1　新宿パレット6階
TEL：03-3349-1708

优惠内容

● 厳然にぎり寿司の10貫盛り合わせサービス！

赠送手捏寿司拼盘一个（内含10个寿司）

使用注意

● ①1回1枚限り、1組1枚のご利用 ②他サービスとの併用不可 ③ランチタイム、金曜、祝前日使用不可 ④クーポンのみ利用不可

①一次只限用一张，一张可多人同时使用 ②不能和其他的优惠券并用 ③午餐时间、星期五、公共休息前日不能使用 ④单独使用优惠券无效

有効期至2011年12月31日

优惠内容

● 2000円以上お買い上げの方10%割引(食品は除く)

购买2000日元以上优惠10%（食品除外）

使用注意

● 1枚2名(1回限有効)

一张可供2名顾客使用（只限一次有效）

无有效期

优惠内容

● 岩手県産 いわいどりのローストチキンをサービス！

赠送岩手县生产的幸运鸡烤鸡

使用注意

● ①1回1枚限り、1組1枚のご利用 ②他サービスとの併用不可③ランチタイム、金曜、祝前日使用不可 ④クーポンのみ利用不可

①一次只限用一张，一张可多人同时使用 ②不能和其他的优惠券并用 ③午餐时间、星期五、公共休息前日不能使用 ④单独使用优惠券无效

有効期至2011年12月31日

优惠内容

● 北陸名物！豪快！鯖の一本焼きサービス！

北陆有名物产！豪爽！赠送一条烤鲅鱼

使用注意

● ①1回1枚限り、1組1枚のご利用 ②他サービスとの併用不可③ランチタイム、金曜、祝前日使用不可 ④クーポンのみ利用不可⑤仕入れにより他のサービス品になる可能性あり

①一次只限用一张，一张可多人同时使用 ②不能和其他的优惠券并用 ③午餐时间、星期五、公共休息前日不能使用 ④单独使用优惠券无效

有効期至2011年12月31日

优惠内容

● 国産上州豚炭火焼サービス！

赠送国产的上州炭火烤猪肉！

使用注意

● ①1回1枚限り、1組1枚のご利用 ②他サービスとの併用不可③ランチタイム、金曜、祝前日使用不可 ④クーポンのみ利用不可

①一次只限用一张，一张可多人同时使用 ②不能和其他的优惠券并用 ③午餐时间、星期五、公共休息前日不能使用 ④单独使用优惠券无效

有効期至2011年12月31日

优惠内容

● 国産上州豚使用！串焼10本盛り合わせサービス！

使用国产的上州猪肉！赠送烤串10支拼盘！

使用注意

● ①1回1枚限り、1組1枚のご利用 ②他サービスとの併用不可③ランチタイム、金曜、祝前日使用不可 ④クーポンのみ利用不可

①一次只限用一张，一张可多人同时使用 ②不能和其他的优惠券并用 ③午餐时间、星期五、公共休息前日不能使用 ④单独使用优惠券无效

有効期至2011年12月31日

（有）民芸の里

箱根的传统工艺、备有各式嵌木细工和木雕像嵌细工为中心的日本的传统工艺品

住所：神奈川県足柄下郡箱根町箱根13
TEL：0460-83-6294

銀座 喜楽

提供从全国的产地直接进货的限定的鲜鱼和日本酒。银座的コリドー通道里面隐藏的店。

住所：東京都中央区銀座6-4-16 花椿ビル2F
TEL：03-3289-1720

北陸王 日本橋室町店

提供从北陆地方的美味地方酒・鲜鱼・乡土菜肴。重视日式气氛的居酒屋。

住所：東京都中央区日本橋室町4-6-5
室町CSビルB1　TEL：03-3272-6555

コミューンナチュレ目黒

是以美味、健康和快乐为主题，与周边的农家签约，菜单全部采用国产的蔬菜和谷物的休闲意大利餐厅。

住所：東京都目黒区八雲1-1-1 めぐろ区民キャンパス　TEL：03-3723-6707

有楽町食肉センター　美豚

品质最好！食用肉的批发基地直接输送品种猪"上州とことん豚"！合理的价格！可以时间倒流到昔日日本的居酒屋！

住所：東京都千代田区有楽町1-7-1 有楽町電気ビルB1　TEL：03-3201-1129

ベジとん西麻布

以具有细致和丰润风味的"国产上州猪肉"和早晨摘取的新鲜蔬菜作为原材料的自助餐饭店。

住所：東京都港区西麻布1-2-3 アクティブ六本木B1　TEL：03-5414-2911

优惠内容

● めし、半替玉、ルイボスティーのいずれかサービス

送白饭、或加半份拉面、或送rooibos 茶任选一种

使用注意

● ラーメンをご注文のお客様のみ利用可能

点拉面时可以使用

有效期至2011年12月31日

优惠内容

● めし、半替玉、ルイボスティーのいずれかサービス

送白饭、或加半份拉面、或送rooibos 茶任选一种

使用注意

● ラーメンをご注文のお客様のみ利用可能

点拉面时可以使用

有效期至2011年12月31日

优惠内容

● めし、半替玉、ルイボスティーのいずれかサービス

送白饭、或加半份拉面、或送rooibos 茶任选一种

使用注意

● ラーメンをご注文のお客様のみ利用可能

点拉面时可以使用

有效期至2011年12月31日

优惠内容

● めし、半替玉、ルイボスティーのいずれかサービス

送白饭、或加半份拉面、或送rooibos 茶任选一种

使用注意

● ラーメンをご注文のお客様のみ利用可能

点拉面时可以使用

有效期至2011年12月31日

优惠内容

● めし、半替玉、ルイボスティーのいずれかサービス

送白饭、或加半份拉面、或送rooibos 茶任选一种

使用注意

● ラーメンをご注文のお客様のみ利用可能

点拉面时可以使用

有效期至2011年12月31日

优惠内容

● めし、半替玉、ルイボスティーのいずれかサービス

送白饭、或加半份拉面、或送rooibos 茶任选一种

使用注意

● ラーメンをご注文のお客様のみ利用可能

点拉面时可以使用

有效期至2011年12月31日

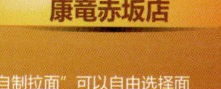

ラーメン
康竜赤坂店

　本店推荐"自制拉面"可以自由选择面的硬度、油量等、而且可以从8种topping（拉面上的附加食品）里面选择6种！

住所：東京都港区赤坂3-20-8
TEL：03-5549-9880

ラーメン
康竜銀座店

　本店推荐"自制拉面"可以自由选择面的硬度、油量等、而且可以从8种topping（拉面上的附加食品）里面选择7种！

住所：東京都千代田区有楽町2-3-6
TEL：03-3569-0314

ラーメン康
竜秋葉原店

　本店推荐"自制拉面"可以自由选择面的硬度、油量等、而且可以从8种topping（拉面上的附加食品）里面选择8种！

住所：東京都千代田区外神田4-14-1
秋葉原UDX　AKIBA-ICHI　2F
TEL：03-5207-8410

ラーメン康
竜秋葉原駅前店

　本店推荐"自制拉面"可以自由选择面的硬度、油量等、而且可以从8种topping（拉面上的附加食品）里面选择9种！

住所：東京都千代田区外神田1-15-5
TEL：03-3256-7737

ラーメン康竜那
覇国際通り店

　本店推荐"自制拉面"可以自由选择面的硬度、油量等、而且可以从8种topping（拉面上的附加食品）里面选择10种！

住所：沖縄県那覇市牧志1-2-3
TEL：098-941-5566

ラーメン康竜
那覇松山店

　本店推荐"自制拉面"可以自由选择面的硬度、油量等、而且可以从8种topping（拉面上的附加食品）里面选择11种！

住所：沖縄県那覇市松山1-8-6
TEL：098-860-7737

优惠内容

● ご利用総額10%OFF

合计金额优惠10%

使用注意

● 1枚でグループ全員OK。他のサービス
と併用不可。

一张优惠券全团顾客都可以使用。不能与其
他优惠券并用。

有効期至2011年11月30日

优惠内容

● セレブネイル・Minx足10本　20%割引

名人指甲首饰・Minx脚趾甲用10个　八折

使用注意

● 要予約です。1まい2名まで。

需提前预约。一张可供2名顾客使用。

有効期至2011年10月31日

优惠内容

● 入館料100円割引

进馆费优惠100日元

使用注意

● 1枚につき1グループに限り有効

每张只限一组有效

有効期至2012年3月31日

优惠内容

● お食事を注文の方にドリンクサービス
致します

用餐的顾客赠送饮料

无有效期

优惠内容

● めし、半替玉、ルイボスティーのいず
れかサービス

送白饭、或加半份拉面、或送rooibos 茶任
选一种

使用注意

● ラーメンをご注文のお客様のみ利用可
能

点拉面时可以使用

有効期至2011年12月31日

优惠内容

● めし、半替玉、ルイボスティーのいず
れかサービス

送白饭、或加半份拉面、或送rooibos 茶
任选一种

使用注意

● ラーメンをご注文のお客様のみ利用可
能

点拉面时可以使用

有効期至2011年12月31日

エレガンス・日本橋本店

是美容界最大的公司，可以同一时间内施行各种美容手术！

住所：〒103-0022　東京都中央区日本橋室町4-3-6エレガンスビル
TEL：03-3516-7793

秋葉原パセラ電気街店

享受像南国休养地一样的让人身心舒适的空间、饮食、卡拉OK、飞镖、喝酒的娱乐场所、拥有世界上屈指可数的特色的卡拉OK。

住所：東京都千代田区外神田1-13-2
TEL：0120-759-835

カフェ　セピア

从涩谷车站东口徒步5分钟可到。推荐自家独创的咖喱饭、盖浇饭。使用的水是"モンドセレクション"回归水。

住所：〒150-0002　東京都渋谷区渋谷1-8-8　新栄宮益ビルB1
TEL：03-3406-1300

(財)彫刻の森美術館

雄伟壮大的自然环境里面、野外雕刻群、小孩子玩耍的作品、温泉泡脚、不管成人还是小孩都能享受其中。

住所：〒250-0493　神奈川県足柄下郡箱根町二ノ平1121　TEL：0460-82-1161

ラーメン康竜 中目黒本店

本店推荐"自制拉面"可以自由选择面的硬度、油量等、而且可以从8种topping（拉面上的附加食品）里面选择4种！

住所：153-0061　東京都目黒区中目黒3-1-4-201　TEL：03-3760-5091

ラーメン康竜 新宿東口店

本店推荐"自制拉面"可以自由选择面的硬度、油量等、而且可以从8种topping（拉面上的附加食品）里面选择5种！

住所：160-0022　東京都新宿区新宿3-22-3　TEL：03-5312-7727